Questions d'Enseignants

Sous la direction d'Alain Bentolila

Danièle Dumont

Cycle 3

Une bonne écriture,

choix ou nécessité ?

Nathan

MIXTE
Papier issu de
sources responsables
FSC® C022030

Impression & brochage SEPEC - France
N° d'éditeur : 10202622 - N° d'impression : 06601140611
Dépôt légal : mai 2014

ISBN : 978-122301-8

IMPRIM'VERT®

Sommaire

Sommaire des questions et exercices

2. Les formes de l'écriture

3. Les signes diacritiques

4. Les lettres rondes

V. Laisser le choix

Préface

Chaque matin, à huit heures trente, des hommes et des femmes, portant chacun le poids de leurs difficultés personnelles, de leurs frustrations et de leurs espoirs déçus, poussent la porte de leur classe. Là les attendent une trentaine d'enfants des autres qui, souvent, ne savent pas vraiment pourquoi ils sont là et qui parfois souhaiteraient être ailleurs. Tous les matins, ces maîtres ont à tisser ce lien d'éducation qui signifie tout simplement éveiller, faire surgir en soi-même et dans l'autre l'épure d'un demain meilleur, plus riche de sensibilité, plus pleinement réalisé qu'il ne l'est aujourd'hui, qu'il ne le fut hier. Tous ont à faire ce pari magnifique de laisser une trace d'eux-mêmes sur chacune des jeunes intelligences qui leur sont confiées. Trace incertaine, trace éphémère, trace que chaque élève interprètera à sa manière, mais trace singulière laissée par un adulte professionnellement engagé à contribuer à la formation intellectuelle de ses élèves. À ces maîtres, la nation doit aujourd'hui d'autant plus de considération et de soutien que leur mission et leurs priorités ont changé en profondeur. Il nous faut considérer que l'école est en effet devenue le dernier recours pour certains enfants en grave déficit de médiation familiale. Leur apprentissage linguistique, leurs premiers rapports au monde, ils les ont parfois vécus, au mieux dans le silence et l'indifférence, au pire dans l'invective et la brutalité. Certains de nos élèves, de toutes classes sociales, n'ont pas eu la chance de rencontrer sur leur chemin des médiateurs à la fois exigeants et bienveillants, seuls capables de transformer des échecs analysés en conquêtes nouvelles. Ils arrivent déjà résignés à n'avoir aucune prise sur le monde, à ne revendiquer aucun pouvoir pacifique sur les autres ; ils ont renoncé à la conquête collective du sens pour ne plus s'occuper que de se protéger individuellement d'un monde où les menaces leur paraissent l'emporter largement sur les promesses. Ce sont ces enfants-là que les maîtres d'école doivent en priorité aider à donner sens culturel, moral et scientifique au désordre et au tumulte de ce monde ; au-delà des repliements, des déchirures et des clivages, ils doivent, chaque matin, assumer la tâche nécessaire de la formation.

Dans beaucoup d'écoles – peut-être devrais-je dire toutes – on ne peut plus se contenter de définir et d'ordonner les connaissances qu'on livre aux élèves ; la priorité absolue est de faire comprendre à des enfants perdus ce que parler veut dire, ce que lire et écrire veulent dire et comment « marche » le monde. En d'autres termes, il faut *placer le sens des apprentissages avant leurs mécanismes*. Apprendre à parler juste, c'est-à-dire avec la volonté d'affirmer son pouvoir de parole mais aussi avec l'infinie considération que l'on doit à l'autre ; apprendre à lire juste, c'est-à-dire avec le respect que l'on doit au texte mais aussi avec la légitime ambition de l'interpréter ; apprendre à regarder juste, c'est-à-dire en s'émerveillant des phénomènes du monde tout en cherchant avec obstination à en découvrir les règles de fonctionnement. La banalisation et l'affaiblissement de l'image du maître d'école font courir aujourd'hui à l'école un danger majeur. Beaucoup de nos concitoyens (et quelques responsables politiques) pensent qu'il ne faut pas être grand clerc pour apprendre à lire à un enfant, lui faire réciter ses tables de multiplication ou lui faire réviser ses règles de grammaire. Il existe ainsi aujourd'hui une fâcheuse tendance à croire que plus les enfants dont on s'occupe sont petits, plus l'acte d'éducation est facile. Comme s'il suffisait de savoir lire soi-même pour enseigner la lecture, comme s'il suffisait de savoir compter pour donner le sens de la numération , comme si enfin il suffisait de savoir que la Terre tourne pour en faire découvrir le principe à des enfants. Il est temps de rappeler que la vraie mission de nos maîtres d'école est d'amener leurs élèves à dégager le beau du factice, à opposer la rigueur à l'obscure croyance, à privilégier la réflexion sur l'anathème, à toujours préférer le respect au mépris, les arguments aux coups. Ils n'assurent pas simplement un service d'enseignement, ils sont investis d'une mission de formation des jeunes esprits ; ils sont notre meilleur rempart contre la barbarie. Il est donc temps d'affirmer haut et fort que la formation patiente et rigoureuse de jeunes intelligences nécessite des professionnels de tout premier ordre et une formation de la plus haute qualité. Une formation de qualité doit absolument répondre à trois questions complémentaires. La première interroge le sens des apprentissages : « À quoi cela sert-il d'apprendre la grammaire ou l'écriture ou la numération ? » En d'autres termes, qu'est ce que cela change dans la vie d'un homme, d'une femme ou d'un enfant de savoir agencer les mots avec rigueur et élégance, ou de savoir mettre en mots sa pensée pour un autre ? La seconde question examine les mécanismes de ce que l'on enseigne : « Comment fonctionne la grammaire de la langue française ? » ; « Comment un enfant apprend-il à lire ? » ; « Comment apprend-il à écrire » ; « Comment marche notre système orthographique ? ». La troisième question analyse les meilleures méthodes et stratégies pédagogiques. « Comment choisir une méthode de lecture et d'écriture pertinente ? » ; « Comment prendre en compte les rythmes et les parcours différents des élèves ? » ; « Comment conjuguer automatisation et sens des apprentissages ? »

Alain Bentolila

Introduction

« Applique-toi ! ». Injonction dans les mots, trop souvent expression d'impuissance dans ses sous-entendus, cette phrase récurrente à la maison comme à l'école, concerne la plupart du temps l'écriture.

Applique-toi ! Si on veut dépasser sa valeur quasi incantatoire tant elle porte d'espoir que « ça va s'améliorer », il faut bien que cette phrase soit accompagnée, en amont, en aval ou sur le moment des actions pédagogiques nécessaires.

Ce n'est pas chose facile. C'est d'autant moins facile que, dès la fin du cycle 2, l'enfant a souvent le sentiment qu'il s'agit là d'une nécessité purement scolaire. Il lui faut donc refaire sien ce sentiment qu'il avait, tout petit, que la trace écrite est destinée à l'autre. Ce rapport à l'autre donne en effet à la trace écrite le statut d'acte social, ce qui lui fait dépasser le cadre de l'école. C'est bien en effet d'un geste spontané que l'enfant tend ses premiers gribouillis à qui lui est cher en disant « c'est pour toi ». Et l'être cher va afficher au mur cette première trace, témoignage d'une pensée portée vers son destinataire, visible en dehors même de la présence de l'auteur, visible aussi au-delà même du temps présent.

Si la mise en mémoire porte la communication par delà le temps et l'espace, il faut bien que le destinataire puisse la recevoir, c'est-à-dire la comprendre. La lisibilité est donc la condition sine qua non de l'écriture. Outre que l'aspect de l'écrit ne doit pas rebuter le lecteur, c'est cette préoccupation de lisibilité qui anime l'injonction « Applique-toi ! ».

Pour parler de l'écriture manuscrite au cycle 3, il m'a semblé que le détour par l'histoire de l'écriture était nécessaire. Cette histoire montre à quel point la trace écrite s'est imposée à l'homme. Elle montre aussi la diversité de l'écriture, sa diversification également à partir de mêmes bases. Elle montre encore que le besoin de la dupliquer, qui a conduit à l'imprimerie, nous ramène paradoxalement vers l'écriture manuscrite alors même que les technologies nouvelles sembleraient tendre à la vouer à la disparition.

Cet ouvrage se donne pour objectif d'aider les enseignants du cycle 3 à faire que les enfants aient une écriture de qualité tout en les laissant libre de faire quelques aménagements. Il fait prendre conscience des anomalies, propose une réflexion sur ce qui se présente comme des évidences et montre où le libre choix est possible sans transgresser le code.

Il peut être utilisé en classe mais aussi en aide personnalisée. Il peut également être utile aux parents qui voudraient attirer l'attention de leur enfant sur ces quelques anomalies qui gênent la lisibilité de leur écriture.

L'écriture en usage dans les écoles française est l'écriture cursive latine. C'est donc de ce modèle-là que traite l'ouvrage en tentant de répondre aux questions que se posent enseignants et parents au sujet de l'écriture et en leur proposant des exercices adaptés à chaque cas.

Les textes qui ont servi de support aux exercices sont inspirés de *L'Odyssée* d'Homère, des *Métamorphoses* d'Ovide et des *Fables* de La Fontaine ou ont été créés pour servir les exercices mais aussi pour donner à l'écriture sa véritable place de support de la pensée, l'écriture n'ayant sa raison d'être que dans sa fonction de transmetteur de sens (au-delà du temps et de l'espace).

I. Histoire de l'écriture

Ce sujet demanderait à lui-seul tout un volume, voire une encyclopédie tant il est vaste. Rendre compte de l'histoire de l'écriture nécessite donc d'opérer des choix. Les miens commenceront par tenter d'éclairer sur le lien particulier de l'homme avec ce moyen de communication qui lui est propre : l'écriture. Avant d'en aborder l'histoire, forcément sélective, c'est donc à une réflexion sur les fonctions de l'écriture que vous convie cet ouvrage.

1. À quoi sert l'écriture

La question récurrente concernant l'usage de l'écriture est : « À quoi sert l'écriture ? Quelles sont ses fonctions ? » Je propose de l'inverser et de se poser la question :

✓ *Qu'est-ce que nous ne pourrions pas faire si nous n'écrivions pas ?*

L'écriture manuscrite est devenue pour nous un acte si banalisé qu'il semblerait bien que son intérêt échappe. Pourtant elle est présente dans notre vie au quotidien.

○ Comment faire percevoir à l'enfant l'importance de l'écriture ?

Exercice 1 • *Exercice oral à préparer par petits groupes.*

Consignes.

1) Relever dans le texte ci-dessous :

a) ce que les personnages n'auraient pas pu faire s'ils ne savaient pas écrire de leur propre main ;

b) ce que les personnages n'auraient pas pu faire non plus si l'écriture n'existait pas.

2) Rechercher dans chaque cas comment ils auraient pu résoudre le problème.

3) En déduire les fonctions de l'écrit : dire à quoi ça sert d'écrire.

Le réveil n'a pas sonné. Toute la famille s'est levée en retard ce matin. Maman court à la boulangerie acheter du pain. Papa n'a pas le temps d'attendre. Il lui laisse un mot sur la table et file pour attraper le bus. Aujourd'hui, maman est en congés. Nous sommes tous les deux à la maison. Maman me propose un jeu de scrabble. Ensuite, je l'aide à préparer le repas. Je sors les ingrédients qu'elle lit sur une vieille recette qu'elle tient de sa grand-mère morte l'an dernier. Comme elle ne l'a faite qu'une fois, elle a besoin de la relire. La feuille est tachée. Par endroits certains mots en sont devenus illisibles. Maman les réécrit, la recette sera plus facile à lire. Maman se souvient qu'elle a promis de l'envoyer à tante Lucie. Elle en fait une photocopie qu'elle glisse dans une enveloppe avec quelques mots gentils pour demander et donner des nouvelles, mots auxquels j'ai ajouté « Bisous ». Maman écrit l'adresse sur l'enveloppe. Elle la postera en même temps que le contrat pour l'achat de notre nouvelle maison. Il est arrivé la semaine dernière. Papa et maman ont écrit dessus « Lu et approuvé » et nous avons fêté l'évènement.

Corrigé.

1) a) Ce que les personnages n'auraient pas pu faire s'ils n'avaient pas su écrire de leur propre main :

① Papa n'aurait pas pu écrire un mot pour dire à maman qu'il ne pouvait pas attendre. Il aurait pu le remplacer en envoyant un message par téléphone.

② Maman n'aurait pas pu réécrire les mots couverts par les taches. Elle aurait pu les taper au clavier, les imprimer et les coller sur la feuille.

③ Maman et l'enfant n'auraient pas pu écrire à tante Lucie. Il aurait fallu taper la lettre au clavier puis l'imprimer, ou lui téléphoner, lui envoyer un mail ou un SMS ou encore attendre de la rencontrer pour lui apprendre la recette oralement.

④ Papa et maman n'auraient pas pu écrire « Lu et approuvé ». Il aurait fallu trouver une autre solution pour montrer qu'ils sont d'accord, par exemple faire appel à quelqu'un qui l'aurait écrit à leur place en présence de témoins qui auraient écrit et signé pour confirmer que papa et maman sont bien d'accord.

b) Ce que les personnages n'auraient pas pu faire non plus si l'écriture n'existait pas :

① L'enfant et sa maman n'auraient pas pu jouer au scrabble. Le scrabble n'existerait pas. L'enfant et sa maman auraient joué à un autre jeu où l'écriture n'intervient pas. Par ailleurs, les règles du jeu ne pourraient pas être écrites.

② Maman n'aurait pas pu avoir de recette écrite par sa grand-mère. Il aurait fallu que sa grand-mère ou quelqu'un d'autre la lui apprenne oralement.

③ Papa et maman n'auraient pas reçu de contrat : les contrats écrits n'existeraient pas. Il aurait fallu qu'il existe d'autres solutions pour prouver qu'ils seront propriétaires de la nouvelle maison.

2) Écrire sert à :
- laisser un message pour quelqu'un ;
- consigner des règles de jeux, des règles de vie, des lois... pour que chacun puisse les vérifier et s'y conformer ;
- transmettre des savoirs, des savoirs faire, des informations (recettes de cuisine, notices de montage, notices d'utilisation, description de procédures...) ;
- donner ou demander des nouvelles à quelqu'un qui est loin ;
- faire des contrats de travail, d'assurance (assurance scolaire, assurance pour la voiture), des actes (d'état civil, de vente...) ;
- écrire des mentions légales qui servent à dire qu'on est d'accord sur ce qui est écrit.

L'écriture permet donc d'organiser de nombreux aspects de la vie en société et de communiquer ce qu'on pense à quelqu'un qui généralement n'est pas là et qui en prendra connaissance ultérieurement. Savoir écrire de sa propre main permet d'écrire des mentions officielles sans avoir besoin d'être assisté.

Exercice 2

Consignes.

1) Relever dans le texte ci-dessous :

a) ce que les personnages n'auraient pas pu faire s'ils ne savaient pas écrire de leur propre main.

b) ce que les personnages n'auraient pas pu faire non plus si l'écriture n'existait pas.

2) Rechercher dans chaque cas comment ils auraient pu résoudre le problème.

3) En déduire les fonctions de l'écrit : dire à quoi ça sert d'écrire.

Pendant que maman lit le journal tout en surveillant le repas, je continue d'écrire une histoire que j'ai commencée la semaine dernière. J'aime bien inventer des histoires. Je les écris dans mon carnet secret. Après le repas, nous allons nous promener au parc. Le parc est loin, nous prenons la voiture. La voiture tombe en panne. Maman appelle le mécanicien. Il ne peut pas venir tout de suite. Nous avons le temps de nous promener un peu en attendant qu'il vienne. La voiture n'est pas très bien garée mais impossible de la déplacer. Maman écrit « en panne » sur un morceau de papier qu'elle place derrière le pare-brise. Enfin le garagiste arrive. Il examine la voiture. Ce n'est pas grand-chose, juste une pièce à changer mais il doit remorquer la voiture jusqu'à son garage. Maman décide que nous continuerons à pied, le parc n'est pas très loin. Elle écrit son nom et son numéro de téléphone pour que le garagiste la prévienne dès qu'il aura fini. Nous prenons un raccourci pour piétons indiqué sur un petit panneau. Le portail principal du parc est fermé. Il a été endommagé par un arbre un jour de grand vent. Il sera réparé sous un mois dit une affichette. Il y a bien une autre entrée, mais elle est de l'autre côté du parc. Il va falloir faire tout le tour. Heureusement, l'affichette indique une petite entrée tout proche que nous ne connaissions pas. Ça y est, nous y sommes, j'aperçois déjà Julie et Antoine qui font de la balançoire et Marion qui relit pour la énième fois les prénoms gravés sur le plus gros arbre du parc et dont certains ont presque cent ans.

Corrigé.

1) a) Ce que les personnages n'auraient pas pu faire s'ils n'avaient pas su écrire de leur propre main :

① L'enfant n'aurait pas pu écrire pour son plaisir dans son carnet secret. Il aurait pu inventer une histoire mais, pour en inventer la suite, il lui aurait fallu se souvenir du début, ce qui n'aurait pas permis d'écrire des histoires très longues sans risquer d'en oublier ou d'en déformer des passages.

② Maman n'aurait pas pu mettre un mot sous le pare-brise pour prévenir que la voiture est en panne. Elle aurait dû rester à côté de la voiture pour éviter d'être verbalisée ou courir le risque d'être verbalisée si elle s'éloignait.

③ Maman n'aurait pas pu donner son nom et son numéro de téléphone au garagiste par écrit. Elle aurait dû les lui dicter ou lui envoyer un message oral ou écrit pour qu'il ait le numéro à disposition pour l'avertir de la fin de la réparation.

b) Ce que les personnages n'auraient pas pu faire non plus si l'écriture n'existait pas :

① Maman n'aurait pas pu lire le journal puisqu'il n'aurait pas existé.

② Il n'est pas sûr que les voitures aient pu exister en très grandes quantités.

③ Les PV écrits ne pourraient pas exister.

④ Sans écriture, le fonctionnement du téléphone ne serait pas possible : les numéros de téléphone ne seraient écrits nulle part et il serait impossible que chacun connaisse par cœur le numéro de téléphone de tout le monde.

⑤ Maman n'aurait pas pu être informée de l'existence d'un raccourci.

⑥ L'enfant et sa maman n'auraient pas pu savoir de suite par où entrer dans le parc. Il aurait fallu qu'ils cherchent par eux-mêmes l'entrée provisoire.

⑦ Ils n'auraient pas pu savoir dès maintenant que la réparation du portail ne demandera pas plus d'un mois.

⑧ Marion n'aurait rien eu à lire sur l'arbre parce que personne n'y aurait écrit.

2) Écrire sert à :
- faire connaître ce qui se passe dans le pays et dans le monde. Faire circuler des idées ;
- mettre par écrit ce qu'on pense pour le plaisir ou parce que c'est utile, afin de le retrouver tel quel plus tard ;
- donner une information à quelqu'un qui n'est pas là et qui pourra la lire plus tard ;
- élaborer des formulaires à remplir pour l'organisation de la vie en société ;
- donner une information à quelqu'un qui l'emporte pour la conserver et l'utiliser plus tard ;
- confectionner des annuaires et toutes sortes de listes dont on peut avoir besoin (annuaire du téléphone, liste des membres d'une association, etc.) ;
- confectionner certains panneaux signalétiques ;
- confectionner des affichettes d'information ;
- laisser une trace de sa présence, de ce qu'on a ressenti, de ce qu'on a été.

Synthèse.

En plus d'organiser la vie en société et de communiquer ce qu'on pense à quelqu'un qui généralement n'est pas là et qui en prendra connaissance ultérieurement, écrire permet de faire connaître les nouvelles du pays ou du monde, de faire circuler des idées, de consigner sa pensée pour soi-même et de pouvoir la relire et éventuellement la compléter. On peut écrire pour des raisons utilitaires, on peut écrire pour le plaisir. On peut aussi écrire pour laisser sa trace au-delà du temps. Ce peut être une petite trace ou des livres entiers.

2. Les débuts de l'écriture

✓ *Pourquoi et comment les hommes ont-ils, par l'écriture, brisé la double prison du lieu et du temps ?*

a) La préhistoire

Si les signes gravés de l'autre côté du temps dans les grottes millénaires nous interpellent, c'est bien parce que nous leur attribuons une signification, une intention, comme s'il s'était agi pour les auteurs de communiquer quelque chose de leur expérience, de laisser une trace de leur passage.

En dehors même des recherches sur le sujet, nous sentons confusément que ces signes « disent » quelque chose.

Il faudra pourtant attendre encore plusieurs milliers d'années pour que les signes laissés par l'homme s'organisent en une véritable écriture à laquelle nous pouvons avoir accès.

En effet, alors qu'il utilise un langage articulé depuis 100 000 ans, que depuis plus ou moins 40 000 ans il décore les grottes et laisse des traces sur leurs parois mais aussi sur des fragments d'os et des galets, il est communément admis que ce n'est qu'il y a moins de 6 000 ans (vers 3 300 ans avant Jésus-Christ) que l'homme écrit.

Qui nous dira si les cercles, les triangles et les signes divers gravés par l'homme préhistorique étaient déjà une écriture ? Quelles que soient leur configuration, leur intention, leur relation au sens pour celui qui les a produits, ces signes – auxquels on s'accorde généralement à attribuer une intention de pouvoirs magiques – sont, par définition, ceux d'avant l'Histoire.

Si l'Histoire nous est connue c'est bien, en effet, parce que l'homme écrit. La tradition orale peut faire varier le récit à chaque locuteur, à l'opposé, la tradition écrite le fixe.

Si elle fixe l'Histoire, elle fixe aussi tout type d'informations d'ordre matériel et organisationnel. Et c'est de la poussée de la nécessité de communiquer afin de s'organiser qu'est née l'écriture.

b) Sumer

En effet, chez les Sumériens, où a été découverte la plus ancienne écriture connue, tout semble avoir commencé, non pas par le besoin de consigner des idées mais par celui de tenir des comptes.

En ce temps-là (environ 3 300 ans avant Jésus-Christ,) le Pays de Sumer était prospère. La situation entre deux fleuves, le Tigre et l'Euphrate, de cette région ensoleillée du sud de la Mésopotamie (approximativement actuel Irak) avait favorisé le développement de l'agriculture et attiré très tôt une importante population. Le pays était organisé en plusieurs cités-États. Les échanges entre les marchands, les artisans, les paysans, les bergers mais aussi les administrateurs y étaient nombreux.

La nécessité de conserver la trace de ces échanges se faisait sentir. Il fallait noter le nombre et la nature des produits échangés. Depuis longtemps, les Sumériens avaient inventé le système des *calculi* pour tenir l'inventaire de leurs récoltes puis des produits commerciaux. Il s'agissait de petits cailloux d'argiles dont le nombre et la forme désignaient le nombre et la nature des produits. Progressivement, ces *calculi* furent placés dans des bulles d'argile qu'on brisait à la livraison du produit pour permettre de vérifier si la nature et la quantité livrées étaient les mêmes qu'au départ. Puis, sur la surface de la bulle, on mit l'empreinte d'un sceau qui identifiait le propriétaire et on fit des encoches pour matérialiser le nombre de calculi contenus dans la bulle. Progressivement, le dessin du produit fut tracé sur la surface de la bulle, ce qui évitait de la casser pour vérifier. Comme le contenu matériel de la bulle était devenu inutile puisqu'il était mentionné sur la bulle, sa forme sphérique devint elle aussi inutile. La bulle d'argile molle fut donc aplatie pour donner naissance à des tablettes.

Ainsi naquit au 4e millénaire avant Jésus-Christ un système de pictogrammes, signes représentant un seul mot ou un seul concept, qui allait peu à peu laisser place à un système d'idéogrammes, pictogrammes associés pour représenter une idée. Une étape décisive fut franchies lorsque les idéogrammes renvoyèrent non plus seulement à l'objet ou au concept mais aussi aux sons de la langue.

Les tablettes d'argile plus faciles à manier et libérées de l'objectif fixé aux bulles permirent le développement de l'écriture cunéiforme, écriture organisée linéairement, réalisée en forme de coin à cause de la forme triangulaire de la pointe du calame, roseau séché taillé en biseau, utilisé pour écrire. Avec le passage du signe-image au signe-idée puis au signe-son, l'écriture se mit à rendre compte de la langue orale.

On put alors enregistrer toutes sortes de pensées collectives ou individuelles : non seulement les comptes et les inventaires, mais aussi des textes administratifs, des textes religieux, des textes littéraires, des biographies de personnages importants...

D'autres écritures virent le jour mais l'écriture cunéiforme de la Mésopotamie fut la plus répandue à l'époque. L'écriture cunéiforme a longtemps été utilisée par plusieurs peuples pour leurs échanges, qu'ils soient commerciaux, diplomatiques, culturels ou religieux. Cette écriture et la langue qu'elle transcrivait ont été les premiers moyens de communication écrite internationale.

L'invention et la diffusion de l'écriture alphabétique, plus facile à écrire, mieux adaptée à rendre compte de la langue, ont peu à peu fait reculer l'usage de l'écriture cunéiforme qui, par ailleurs, s'était complexifiée au détriment de sa vocation de communication.

Voilà donc, brossé à très grands traits, l'essentiel de l'histoire de l'écriture d'avant l'alphabet qui a à voir avec notre écriture actuelle.

c) Les hiéroglyphes

Difficile de relater, même brièvement, l'histoire de l'écriture sans évoquer les hiéroglyphes égyptiens. *Hiéroglyphe* signifie en grec ancien « sacré sculpté », ce qui rappelle le nom que les Égyptiens donnaient eux-mêmes à leur écriture : « medouneter », « paroles divines ». Cette référence au divin n'apparaît cependant pas d'emblée lorsqu'on considère que l'usage premier de l'écriture égyptienne – inventée peu après l'écriture sumérienne – semble avoir été prosaïque : conserver les informations sur les limites de propriétés entre les champs effacées régulièrement par la crue annuelle du Nil.

Certes, pour les Égyptiens, l'inventeur de l'écriture est le dieu Thot, dieu de la sagesse et de la science, seigneur des textes conservés dans les temples, ce qui rend l'écriture sacrée, mais on peut penser aussi que la relation de l'écriture égyptienne au religieux est renforcée par le caractère divin de la crue du Nil. En effet, la crue du Nil est une divinité pour les Égyptiens, c'est le dieu Hâpi, dieu de la fécondité et de l'abondance, responsable de la fertilité de la terre et, par conséquent, garant de toute vie. On comprend alors, par son origine et son utilisation première, que l'écriture des Égyptiens est au service du pouvoir, politique et religieux à la fois.

Les hiéroglyphes sont toujours restés pratiquement identiques à eux-mêmes. En revanche, comme ils étaient d'écriture compliquée, ils furent supplantés par une écriture plus simple, plus rapide, l'écriture hiératique, à laquelle ils avaient donné naissance. Deux millénaires et demi après, l'écriture hiératique fut elle-même supplantée pour l'usage courant par une nouvelle écriture, plus cursive encore, l'écriture démotique. L'écriture hiératique fut réservée aux textes religieux.

La lecture et l'écriture des hiéroglyphes se perdirent à travers les siècles ; ils furent longtemps considérés comme de simples dessins. En 1821, l'égyptologue Jean-François Champollion déchiffre les hiéroglyphes grâce à la coexistence de trois écritures d'un même texte (hiéroglyphique, démotique et grecque) sur une stèle de granit (la pierre de Rosette, du nom de la ville de Basse Egypte près de laquelle elle fut trouvée).

Les hiéroglyphes sont composés de dessins figuratifs qui s'articulent en trois catégories de signes : des phonogrammes qui renvoient au son, des idéogrammes qui renvoient globalement à un concept et des déterminatifs qui indiquent la classe sémantique du mot (par exemple, le mot se rapporte à l'eau).

d) L'alphabet

À l'approche du Ier millénaire, un pas est franchi avec l'invention d'un alphabet de 22 lettres par les Phéniciens : chaque signe de l'écriture rend désormais compte des sons de la langue. Comme il s'agissait d'une langue sémitique (cf. p. suivante), cet alphabet ne comportait que des consonnes : il permettait de tout écrire au moyen de signes représentant directement les consonnes.

Au IXe siècle avant Jésus-Christ, cet alphabet fut adapté à la langue grecque avec l'introduction de voyelles. Puis les Étrusques l'adaptèrent pour en faire l'alphabet latin.

Les principaux alphabets actuellement en usage sont les alphabets latin, cyrillique et grec qui notent consonnes et voyelles ainsi que les alphabets arabe et hébraïque qui ne notent que les consonnes.

Quel qu'il soit, l'alphabet classe les lettres dans un ordre immuable. Le respect de cet ordre permet un classement stable pour confectionner toutes sortes de listes, d'inventaires, de dictionnaires.

3. Types de langue et types d'écriture

✓ *Les spécificités des différentes écritures sont-elles aléatoires ou ont-elles un lien avec les spécificités des langues ?*

On pourrait penser que les écritures actuelles renvoient toutes aux sons de la langue. Il existe cependant une écriture pour laquelle ce n'est pas le cas. On pourrait penser que, pour les langues dont l'écriture utilise un alphabet, la relation graphophonologique est d'un seul et même type. Cependant, le style de langue orale dont elle doit rendre compte affecte directement le style d'écriture. Quels que soient leurs points communs, les écritures sont donc diverses.

a) Des écritures qui ne renvoient pas aux sons de la langue

Un texte écrit en français sera lu de la même façon par un Français du Nord, un Français du Sud ou un Québécois, à des variantes de prononciation près, et par quiconque connaît et lit le français. Toutes les écritures ne fonctionnent pas de cette façon. Ainsi, si les sinogrammes permettent aux Chinois de comprendre le texte quelle que soit la région où ils sont lus, ils renvoient à un oral différent selon les régions, la langue chinoise étant en réalité multiple. Autrement dit, avec les sinogrammes, une même écriture renvoie à plusieurs langues.

Pour faciliter l'alphabétisation, une romanisation du mandarin, langue chinoise officielle qui compte 50 000 sinogrammes, a été adoptée par le gouvernement. Pour rendre compte des sons du chinois, cette écriture, le pinyin, ajoute à nos lettres des tons qui enregistrent des variations dans le grave et dans l'aigu permettant ainsi de différencier le sens d'une même écriture.

La création du *pinyin* permet ainsi que les locuteurs étrangers puissent accéder plus facilement à la lecture et l'écriture du chinois. Elle permet aussi l'utilisation des claviers ordinaires des ordinateurs pour écrire en chinois : on tape les caractères latins ; lorsque le mot est fini, les caractères latins sont automatiquement remplacés par des sinogrammes.

Le choix de la population a maintenu l'écriture traditionnelle mais la nécessité de communication internationale a imposé le maintien du *pinyin* à l'usage des étrangers. Il existe aujourd'hui deux écritures chinoises : une écriture simplifiée et une écriture traditionnelle. Hong-Kong et Taiwan, ainsi que les communautés chinoises d'Outre-mer continuent d'utiliser les écritures traditionnelles.

b) Des écritures sans voyelle

L'hébreu et l'arabe, langues sémitiques, ont une structure consonantique : les mots sont formés à partir d'une racine de deux ou plus souvent de trois consonnes. Les racines donnent le sens général. Par exemple, que ce soit en arabe ou en hébreu, la racine « ktb » porte l'idée de l'acte d'écriture. Le mot se forme en appliquant à cette racine un schème vocalique (c'est-à-dire composé de voyelles) qui donne le sens précis. Par exemple, en appliquant à la racine « ktb » le schème correspondant au résultat de l'action on obtient le mot « écriture » ; en lui appliquant le schème qui correspond à celui qui fait l'action on obtient le mot « écrivain ».

Les voyelles du schème se placent une à une après chaque consonne. Les voyelles ne sont pas écrites. Il faut donc que le mot soit placé dans un contexte pour qu'il puisse être lu. En revanche, en connaissant le schème et sa valeur et en connaissant la racine n'importe qui peut former des mots qu'il n'a pas appris.

c) Des signes qui transcrivent des syllabes

Le japonais est une langue syllabique. Son écriture utilise donc des caractères syllabiques, les kanas. Par exemple, un kana qui se lit « *ma* » ne peut pas être décomposé comme en français où la syllabe

« *ma* » peut être décomposée en deux lettres « *m* » et « *a* ». À côté de ces caractères proprement japonais, correspondant à la structure même de la langue, l'écriture du japonais utilise des caractères empruntés au chinois, les *kanji*.

d) Variation, d'une langue à l'autre, de la relation entre graphèmes et phonèmes

Tous les phonèmes des langues alphabétiques non exclusivement consonantiques sont en relation avec des unités graphiques. Cependant, le mode de relation graphème/phonème n'est pas uniforme d'une langue à l'autre. Certaines langues ont des relations graphème/phonème et phonème/graphème stables : c'est le cas de l'espagnol. Par exemple */toro/* s'écrit « *toro* ». Leur orthographe est donc régulière. D'autres, comme le français, ont des relations graphème/phonème et phonème/graphème instables, avec une asymétrie entre les deux, les premières étant plus régulières que les secondes. Par ex. */toro/* s'écrit « *taureau* », mais */moto/* s'écrit « *moto* ». La prédiction de l'orthographe à partir de la prononciation est donc difficile pour l'enfant qui apprend à écrire le français. En conséquence, les hypothèses d'orthographe pourront être pour lui fréquemment aléatoires en début de scolarité. Un apprentissage structuré de l'écriture n'introduisant qu'une difficulté à la fois sera susceptible de l'aider à mieux fixer les occurrences orthographiques de la langue française.

4. Évolution de l'écriture cursive courante

✓ *Qu'est-ce qui, principalement, a fait évoluer l'écriture ?*

Cette présentation n'a pas vocation à dresser un historique complet ni détaillé de l'évolution de l'écriture. Elle vise simplement à exposer ce qui, semble-t-il, a fait de notre écriture cursive ce qu'elle est. Elle n'entrera donc pas, entre autres, dans le détail de la forme des lettres.

a) Les commencements

Pour des raisons de commodité, sa vocation d'écriture « commune » a réduit la dimension de l'écriture utilisée par les Romains aux IIe et

IIIe siècles après Jésus-Christ. L'écriture minuscule cursive avec quelques dépassements hauts et bas et une accentuation des boucles, aux lettres fréquemment liées était née.

b) L'influence de l'usage : vitesse et lisibilité

Au IXe siècle, dans un souci de clarté et de lisibilité, l'*onciale*, écriture calligraphiée, sans espaces entre les mots, héritée de l'écriture romaine, fut remplacée par la *caroline* qui peu à peu laissa un espace entre les mots facilitant la lisibilité. C'est l'époque de Pépin le Bref, premier roi carolingien, puis de son fils Charlemagne.

Au fil des siècles, l'usage modifia l'écriture : le besoin d'écrire vite lia les lettres ; en Allemagne le poids de l'art gothique brisa les courbes, resserra les lettres, tandis qu'en Espagne ou en Italie les copistes les arrondissaient de plus en plus. En France, toujours par besoin de clarté et de rapidité d'exécution, le XVIe siècle tendit à simplifier l'écriture et à éviter les interruptions du tracé en liant le plus possible les lettres.

À l'opposé, alors que les tracés compliqués tendaient à disparaitre, le goût des fioritures s'est fixé sur les majuscules comme on le voit encore actuellement. Actuellement, leur liaison à la lettre suivante n'est pas encore adoptée couramment.

Ce besoin de lier, qui a marqué l'évolution de l'écriture manuscrite, se voit bien dans la forme actuelle du « *r* » : il correspond au « *r* » imprimé complété d'une liaison vers le début de la lettre suivante. Il se voit aussi dans la forme bouclée des lettres « *l* », « *b* », « *h* », « *k* », « *f* » manuscrites alors qu'en caractères typographiques ces mêmes lettres sont bâtonnées.

c) L'influence des outils

Au XVIIIe siècle, l'adoption définitive de la taille des plumes en pointe a normalisé la différenciation des appuis : appuis sur les tracés descendants avec les pleins, allègement sur les tracés montants avec les déliés. Conservés jusqu'à l'usage des plumes d'acier, les pleins et les déliés ne sont plus enseignés depuis l'usage du stylo à bille dans les écoles. Devenus sans objet avec la disparition de la plume qui risquait de griffer le papier en remontant, les pleins et les déliés tendent actuellement à disparaître.

d) L'axe des lettres

Influences culturelles, choix personnels ou collectifs, raisons pratiques ? Quoi qu'il en soit, l'inclinaison de l'axe des lettres a connu des variations : incliné aux XVᵉ et XVIᵉ siècles avec l'écriture *chancelière*, vertical de la fin du XVIᵉ au XVIIIᵉ siècle avec la *ronde* mais aussi incliné avec la *bâtarde* qui partage avec la ronde un article dans l'*Encyclopédie* de Diderot et d'Alembert (1747/1766), l'axe des lettres était enseigné incliné dans les écoles françaises avant la Guerre de 1939. Il est de nouveau vertical depuis l'après-guerre. Les enfants de France ont donc actuellement une écriture verticale puisqu'elle suit le modèle. Sans qu'il y ait un lien entre la maturité ou l'autonomie et l'inclinaison de l'axe des lettres, certains adultes ont conservé la verticalité, d'autres inclinent leur écriture, d'autres, plus rares, la renversent.

e) Le bilan de l'évolution

L'histoire montre qu'un usage courant de l'écriture tend à :

- stabiliser sa petite dimension (ce qui permet qu'elle soit écrite d'un mouvement des doigts, pratique plus économique que d'un mouvement du bras) ;

- rendre les tracés peu lisibles puis, en réaction, leur redonner de la clarté et les simplifier ;

- lier les lettres ;

- arrondir les lettres pour en faciliter la liaison.

L'usage en lui-même ne semble pas avoir d'impact particulier sur l'inclinaison de l'axe des lettres à technique graphique équivalente.

5. De l'écriture manuscrite à l'écriture mécanique puis numérique... et retour

✓ *L'imprimerie, pourquoi et comment ?*

L'évolution pictogramme → idéogramme → phonogramme n'est pas universelle puisque l'écriture chinoise, pratiquée par des millions d'hommes ne répond pas à cette logique. On observe cependant que le XXe siècle en a simplifié l'écriture pour répondre à un besoin d'économie. En transcrivant les sons de la langue plutôt que les objets du monde grâce à l'alphabet, les hommes ont répondu à un besoin d'économie. L'évolution des techniques a ensuite pris en charge ce besoin, sur un autre plan que le choix des signes, celui du mode de production : l'écriture s'est mécanisée.

a) Écriture manuscrite et écriture imprimée

Au fil des siècles, les hommes n'ont eu de cesse de perfectionner la conservation et la transmission du sens au moyen de marques visibles. Si l'écriture manuscrite se prête bien à la conservation et à la transmission à travers le temps et l'espace, il lui était plus difficile pour une même production de transgresser son unicité dans l'espace, une même production ne pouvant être qu'à un seul lieu en même temps. Des copistes avaient donc la charge de recopier les mêmes textes, éventuellement sous dictée pour qu'une seule source permette en même temps plusieurs copies, de telle sorte qu'elles puissent circuler dans le monde des lettrés.

Au milieu du XVe siècle, les choses changent. La fabrication de moules pour former des caractères métalliques mobiles en grand nombre, l'utilisation d'une encre et d'une technique permettant d'imprimer les deux faces du papier, la fabrication d'une presse à imprimer font de Gutenberg « l'inventeur » de l'imprimerie. Certes des techniques analogues étaient utilisées en Chine depuis longtemps mais la structure de l'écriture et la nature des matériaux utilisés pour former les caractères ne leur avait réservé que peu d'avenir. Gutenberg imprime la Bible à près de 200 exemplaires.

À la fin du XIXe siècle, la linotypie marque une étape décisive dans l'évolution de l'imprimerie avec l'automatisation de la saisie. L'opérateur ne manipule plus les caractères, il frappe sur les touches d'un clavier libérant des caractères matriciels de cuivre qui s'assemblent automatiquement le long d'une ligne sur laquelle est ensuite coulé le plomb servant à l'impression. La vitesse de composition augmente ainsi considérablement.

Le milieu de XXe siècle voit un nouveau progrès technique avec l'arrivée de l'offset qui améliore le procédé de reproduction de la linotypie.

Parallèlement se développent les machines à écrire imprimant directement un texte sur une seule feuille au fil de la frappe sur un clavier. D'abord mécaniques puis électriques, les machines à écrire demandent de moins en moins de force de frappe et s'équipent de claviers plats qui économisent les gestes. Vers le milieu du XXe siècle, l'usage professionnel des machines à écrire s'est généralisé et leur usage privé est devenu accessible.

b) Le numérique

La grande révolution se fait avec les ordinateurs, surtout une fois dépassé le stade des fiches perforées. En effet, la saisie sur les premiers ordinateurs se fait par le biais de fiches perforées en fonction d'éléments préalablement codés. Ce système éloigne considérablement le concepteur du texte de sa réalisation matérielle.

Dans les années 1970, les ordinateurs occupaient à eux seuls toute une pièce. Ils nécessitaient l'intervention de personnels pour coder ainsi que des opérateurs spécialisés – un perforateur, un pupitreur et un programmeur. Dans les années 1980, ces ordinateurs ont fait place à des matériels plus légers utilisant des claviers analogues à ceux des machines à écrire. Ces nouveaux matériels ont bientôt permis d'entrer soi-même son propre texte au clavier, de le relire et le corriger à volonté sur le moment ou plus tard, de le déplacer, de le garder en mémoire en totalité ou en partie, de garder éventuellement trace des corrections et de l'imprimer.

Cette étape actuelle de l'écriture au clavier répond aux besoins d'un scripteur et présente des caractéristiques communes avec l'écriture manuscrite :

- elle laisse une trace sur un support (trace éphémère visible à l'écran, trace plus durable invisible dans la mémoire de l'ordinateur, trace durable et visible imprimée sur un papier à la demande) ;

- elle nécessite un apprentissage ou, tout du moins, un entraînement pour sélectionner la lettre à frapper ;

- l'écriture saisie répond aux mêmes conventions orthographiques (avec cependant possibilité de correction automatique).

En revanche, le sens de déroulement de l'écriture, la tenue de la ligne, les proportions entre espaces inter-lettres et inter-mots, la régularité des axes de l'écriture sont automatiques.

Alors qu'on pourrait supposer que l'usage de l'ordinateur supplanterait un jour l'écriture manuscrite, affluent sur le marché des tablettes graphiques qui permettent de saisir un texte directement de sa propre écriture. Arrivent aussi des stylos qui enregistrent l'écriture manuscrite pour la restituer à l'écran en écriture typographique et la stocker.

Née il y a cinq mille ans de la poussée de la nécessité, l'écriture manuscrite se maintient à l'ère du numérique, mue par cette même poussée et l'on constate aussi en ce début de siècle que l'évolution du numérique nous ramène peu à peu à l'écriture manuscrite.

II. Montrer comment ça fonctionne

1. Le système d'écriture

L'expression *le système d'écriture* est largement répandue. Elle renvoie à la façon dont les caractères rendent compte du sens à véhiculer : s'agit-il de pictogrammes, d'idéogrammes, de lettres ? Quelle est leur relation à la lecture ?

Pour banale qu'elle soit, cette expression mérite pourtant qu'on s'y arrête plus longuement.

En effet, la première partie partie – « L'histoire de l'écriture » – a montré que les systèmes d'écriture sont divers. Elle a abordé la question de l'origine, celle de sa diversification, celle du risque de sa disparition sous sa forme manuscrite. Elle n'a cependant pas abordé la question : *Qu'est-ce qui fait que l'écriture fait système ?* Cette question passe par un préalable : *Qu'est-ce qu'un système ?* Elle implique un bref détour par la théorie avant d'aborder sa bonne mise en pratique en classe.

✓ Qu'est-ce qui fait que l'écriture fait système ?

a. Sur le plan théorique

Deux clés pour comprendre :

- un système est un ensemble organisé composé de divers éléments ;
- un système a pour vocation de fonctionner.

Donc, pour qu'un ensemble soit un système, il faut qu'il soit organisé et que ses éléments entretiennent entre eux des relations qui lui permettent de fonctionner (exemple 1 : dans le système d'écriture, la forme est en relation avec les contingences spatiales pour que l'écriture soit correctement organisée ; exemple 2 : dans le système des formes de l'écriture, chacune des deux formes de base dérive par un changement de degré d'arrondi ou de lieu d'attaque (cf. p. 54).

Un système peut contenir d'autres systèmes. Par voie de conséquence, cela signifie qu'un système peut faire partie d'un autre système (exemple : le système d'écriture fait partie de l'écrit, système qui inclut également entre autres la lecture). Comme le tout a pour vocation de fonctionner, un système entretient aussi des relations avec des systèmes qui lui sont extérieurs (exemple : le système d'écriture est en relation fonctionnelle avec celui des effecteurs, bras, main, doigts).

b. Sur le plan pratique

• La relation au sens

Les enfants du XXIe siècle baignent dans l'écrit depuis leur plus jeune âge. Pour une grande majorité d'entre eux, la lecture d'une histoire est un rituel au moment du coucher. Les enfants voient des livres, ils les regardent, ils les touchent, ils comprennent que leurs parents ont le pouvoir d'en faire jaillir une histoire. À l'école, le maître ou la maîtresse lisent eux aussi des histoires. Peu à peu les enfants apprendront à les lire eux-mêmes, peu à peu ils apprendront aussi à écrire.

La prise de conscience que l'écriture fait partie d'un système plus vaste qui est celui de l'écrit, lequel permet de communiquer sa pensée, peut aider à donner aux enfants l'envie d'écrire pour porter vers l'autre leur pensée ou simplement pour eux-mêmes.

C'est là-dessus que s'appuient les dictées à l'adulte pratiquées en maternelle. À l'école élémentaire, l'idée que les enfants se font de l'écriture manuscrite la cantonne souvent à un acte purement scolaire qu'on abandonnera pour le clavier au plus tôt. Les calligrammes peuvent être un moyen de donner un certain plaisir d'écrire à la main. Ces poèmes, où la disposition de l'écriture forme un dessin appuyant généralement le sens du texte, donnent le plaisir d'une production graphique personnelle par opposition à la simple copie du poème. Une exposition des calligrammes qui, par photocopie ou photographie peuvent se dupliquer, renforcera la fierté de les avoir composés. Des calligrammes célèbres d'Apollinaire comme « La colombe » et « Le jet d'eau » pourront être montrés en exemple. Par rapport à d'autres calligrammes, l'écriture y reproduit la forme de l'objet plutôt que son seul contour. Le choix pourra être laissé entre les deux options, forme pleine ou contour. Une attention toute particulière sera portée à la qualité de l'écriture.

○ Au-delà du système, comment montrer que bien écrire peut-être agréable ?

Exercice

Préparation. Observation de calligrammes. Commentaires de leur réalisation. Option : recherche d'un texte ou d'un ensemble de textes dans lesquels le texte du calligramme pourra être choisi. Discussion sur le mode de calligramme à réaliser : contour ou forme pleine.

Consigne. Choisir un texte existant ou inventer un texte sur un thème défini (Cf. option). Dessiner au crayon l'objet représenté par le calligramme. Le soumettre à l'enseignant en précisant son choix (contour ou forme pleine) si le mode n'a pas été défini en préparation à l'exercice. Écrire le texte en cursive en respectant le dessin. Gommer le pourtour.

• La tenue et le maniement du stylo

✓ *Pourquoi faut-il que le stylo soit bien tenu et bien manié ?*

Il va de soi que l'écriture doit être lisible. Cela implique bien sûr l'adéquation des lettres à la norme puisque, dans nos écritures occidentales, la relation au sens passe par la relation graphophonologique. Toutefois, la focalisation sur la forme elle-même risque d'occulter d'autres paramètres qui touchent à la lisibilité. Il n'est qu'à penser aux « pattes de mouches » difficilement lisibles pour évoquer automatiquement des doigts agités mais donnant peu d'ampleur à l'écriture et pour comprendre, du même coup, que la tenue et le maniement du crayon au début du cycle 2, ou du stylo ensuite, peuvent avoir un impact sur la qualité de l'écriture produite.

En effet, l'existence matérielle de l'écriture est liée à l'outil scripteur : l'écriture est une trace laissée sur un support, en principe par un stylo ou un crayon lorsqu'il s'agit d'une écriture sur papier. Par voie de conséquence la tenue et le maniement de l'outil scripteur – crayon ou stylo – font donc partie intégrante du système d'écriture. Au regard de l'école, cela signifie que **la tenue et le maniement du crayon font partie intégrante de l'apprentissage de l'écriture**. De nombreux enfants tiennent mal leur stylo et se fatiguent en écrivant. Il arrive que certains aient mal à la main ou au bras, voire à l'épaule. Une tenue meilleure et plus souple leur donnerait un meilleur confort d'écriture, ce qui se répercuterait aussi sur l'aspect de l'écriture.

○ Comment rectifier la tenue du stylo et assouplir les doigts ?

Exercice

Préparation. Aucune

Consigne. Lever le doigt comme pour attirer l'attention de l'enseignant. Poser le coude ou l'avant-bras sur la table de façon naturelle sans modifier la position des doigts. Faire glisser le pouce le long du majeur replié jusqu'à ce que la pulpe du pouce – en position légèrement pliée – se place contre la dernière articulation du majeur sans que le pouce dépasse. Il s'agit bien de l'articulation et non de la phalange. Lorsque le pouce est en place, on ne ressent aucune tension dans la main. De l'autre main, placer alors le crayon entre le pouce et l'index ainsi positionnés, aussi loin que possible de la mine, en lui donnant appui dans la commissure entre pouce et index. Frotter alors sur le dessus du crayon avec l'index de facon à le faire remonter jusqu'en position d'écriture. Le pousser ensuite de l'index pour le remettre en position initiale. Recommencer l'opération plusieurs fois de suite en gardant le bras confortablement en appui sur la table.

NB :

- Cet exercice ne convient pas aux très jeunes enfants. Leur tonus musculaire est insuffisant.
- Le pianotage peut éventuellement aider à l'assouplissement des doigts. Cependant, tout exercice de ce type, même à un rythme lent, fait doigts tendus, coude levé est à éviter : cela fatigue inutilement le bras et incite à placer le poignet en pont pour écrire. Cette position du poignet crispe l'ensemble des muscles jusqu'à l'épaule et incite à appuyer sur la mine. La fatigue et la douleur peuvent ne se révéler qu'à la longue.

• Le respect du lignage

✓ *Comment l'école aide-t-elle à écrire d'une écriture régulière ?*

Conséquence également de son existence matérielle de trace laissée sur un support, **l'écriture doit être correctement disposée sur ce support**. L'école française a adopté les rayures Seyes qui donnent aux enfants des repères pour différencier la hauteur des « grandes lettres » et pour développer sous la ligne les jambages (lettres « *j* », « *y* », « *g* », « *p* », « *q* ») et autres dépassements (« *f* », « *z* »). L'écriture française différencie la dimension des grandes étrécies (lettres *t* et *d*) par opposition à celle des grandes boucles (lettres « *b* », « *l* », « *f* », « *h* », « *k* »). Les grandes boucles occupent trois interlignes. Les grandes étrécies en occupent au minimum deux. Elles peuvent être un peu plus grandes mais elles ne montent pas jusqu'en haut du troisième interligne.

Dès le début de l'année, l'enseignant veillera à ce que les enfants écrivent entre les lignes.

○ Comment aider les enfants à écrire entre les lignes ?

Exercice • À faire avant tout devoir écrit.

Préparation. Observer collectivement les lettres de l'alphabet. Faire constater, pour rappel, que les lettres t et d montent jusqu'en haut du 2e interligne ou le dépassent un peu. Faire constater, pour rappel, que les lettres à grandes boucles montent jusqu'en haut du 3e interligne.

Consigne. Avant de commencer à écrire sur le cahier ou sur la feuille à rayures Seyes, faire une frise d'une demi-ligne composée de la façon suivante : une petite boucle dans le premier interligne, une grande étrécie jusqu'en haut du deuxième interligne, une grande boucle jusqu'en haut du troisième le tout lié sans interruption , ajouter une barre au *t* pour transformer le tout en une suite de lettres « *etl* » afin de ne pas être tenté ensuite d'écrire des « *t* » sans barre. Recommencer à l'identique à côté trois fois de suite de façon à avoir fait quatre groupes de « *etl* ». Procéder sans plus attendre à l'écriture du devoir ou de la leçon prévue.
Ce travail, répété chaque jour en veillant au respect des interlignes, devrait corriger le problème en un mois environ.

NB : Si malgré cela un enfant n'arrive pas à écrire correctement entre les lignes, il peut être utile de consulter un rééducateur en écriture et/ou un orthoptiste. Les réglures Seyes sont les mieux adaptées aux besoins de notre écriture. Les simples rails permettent mal d'ajuster la hauteur des lettres « *t* » et « *d* », ce qui procure un inconfort faute de repères.

• Le respect du code

✓ *Toutes les écritures alphabétiques utilisent-elles les mêmes lettres ?*

Dans notre système d'écriture, la relation au sens est portée par le code alphabétique. **La forme des lettres doit donc répondre à une norme qui en assure la lisibilité**.

Cette norme varie selon les types de langues (*cf.* « Type de langues et types d'écriture », p. 91 et suiv.). Pour autant, toutes les écritures qui utilisent un système alphabétique, à la fois vocal et consonantique, n'utilisent pas le même alphabet. Il existe actuellement essentiellement trois alphabets de ce type : l'alphabet grec, l'alphabet cyrillique et l'alphabet latin.

L'alphabet grec a servi de base aux autres alphabets. Le mot alphabet est tiré du nom de ses deux premières lettres alpha et béta tout comme le mot abécédaire est construit à partir des quatre premières lettres de l'alphabet latin. L'alphabet grec est utilisé en Grèce mais les panneaux signalétiques y sont aussi écrits en écriture latine. Le russe, l'ukrainien, le bulgare et le serbe s'écrivent en alphabet cyrillique. Ces alphabets utilisent des lettres de forme différente : entre les lettres minuscules de l'alphabet latin, l'alphabet cyrillique et l'alphabet grec une seule s'écrit de la même façon, la lettre « *o* ». Les autres lettres ont des formes plus ou moins proches mais pas identiques dans les trois alphabets. Par exemple la lettre grecque « υ » ressemble à notre « *v* » mais elle ne lui est pas identique ; par ailleurs elle ne correspond pas au même phonème. Plusieurs formes sont communes à l'alphabet cyrillique et à l'alphabet latin mais elles ne correspondent pas au même phonème non plus. Par exemple en cyrillique « *m* » se lit comme « *t* » en français et « *p* » se lit comme « *r* » en français.

○ Comment aider les enfants à comprendre qu'il faut bien former les lettres ?

L'écriture étant un code, la forme des lettres peut être définie par des composantes récurrentes. Il s'agira donc d'apprendre ces composantes aux enfants de façon à ce qu'ils les voient dans les lettres, les identifient et aient ainsi des référents pour mieux former les lettres. Ces composantes sont au nombre de sept, soit presque quatre fois moins que les lettres de l'alphabet.

NB : Pour améliorer la qualité de l'écriture, il ne s'agit pas de faire des lignes de lettres mais de travailler la caractéristique graphique à corriger (*cf.* 3e à 5e partie).

L'enseignant pourra faire prendre conscience aux enfants de la nécessité d'écrire lisiblement en leur montrant la difficulté qu'il y aurait à reconnaître un mot mal écrit.

Pour faire prendre conscience de la nécessité d'écrire lisiblement chaque lettre pour être compris sans difficulté et de l'application nécessaire pour bien écrire lorsqu'on n'a pas l'écriture courante, on peut prendre appui sur un alphabet inhabituel, par exemple l'alphabet grec. Contrairement à celles de l'alphabet latin et de l'alphabet cyrillique, les lettres de l'alphabet grec ne se lient pas les unes aux autres, ce qui en facilite la perception dans le mot.

Exercice

Préparation.

Photocopier la planche qui suit (une photocopie par enfant plus une).

Dans la photocopie excédentaire, découper des vignettes comportant chacune les trois versions d'un même prénom de façon à avoir autant de vignettes que d'élèves. Remettre à chaque enfant une planche complète plus l'une des vignettes comportant un prénom dans ses trois versions.

Consigne. Sur une feuille blanche, écrire tout en haut le prénom en français qui figure sur la vignette reçue. Plier le haut de la feuille pour cacher ce prénom. Plus bas sur la même feuille, écrire en grec le prénom grec correspondant. Échanger les feuilles avec un camarade. Sans déplier le papier, chercher dans le tableau quel est le prénom grec écrit par le camarade avec qui l'échange a été fait. Écrire l'équivalent français sous le prénom grec. Déplier la feuille pour voir le prénom français écrit préalablement. Comparer les deux prénoms en français. S'ils diffèrent, chercher quelle(s) lettre(s) a ou ont été mal écrite(s). Dans tous les cas, réécrire le prénom en grec.

Prénoms masculins			Prénoms féminins		
Prénom grec	Translation en alphabet latin	Équivalent en français	Prénom grec	Translation en alphabet latin	Équivalent en français
Αδαμάντιος	Adamándios	Adamance	Αλκμήνη	Alkmíni	Alcmène
Αλέξανδρος	Aléxandros	Alexandre	Αλκυόνη	Alkyóni	Alcyone
Γαβριήλ	Gavriíl	Gabriel	Βερενίκη	Bereníkē	Bérénice
Γουλιέλμος	Gouliélmos	Guillaume	Βερονίκη	Veroníki	Véronique
Γρηγόριος	Grigórios	Grégoire	Ηλέκτρα	Iléktra	Électre
Βαλάντιος	Balántios	Valantis	Ηλιοδώρα	Iliodóra	Héliodora

Βαλδουίνος	Ba.douínos	Baudoin	Θεοδοσία	Theodosía	Théodosie
Βαλεντίνος	Balentínos	Valentin	Θεοδώρα	Theod□ra	Théodora
Δαμασκηνός	Damaskinós	Damascène	Ιλαρία	Ilaría	Hilarie
Δαμιανός	Damianós	Damien	Ιλλυρία	Illyría	Illyrie
Ζηνόδοτος	Zinódotos	Zénodote	Κωνσταντία	Kōnstantí	Constance
Ζηνόδωρος	Zinódoros	Zénodore	Κωνσταντίνα	Konstandína	Constantine
Ειρηναίος	Irinéos	Irénée	Λουίζα	Louíza	Louise
Ειρήναρχος	Irínarchos	Irénarque	Λουκία	Loukía	Lucie
Ηρόδοτος	Iródotos	Hérodote	Μαριάνα	Mariána	Marianne
Ηρόδωρος	Iródoros	Hérodore	Μαριλένα	Mariléna	Marilène
Κλαυδίνος	Klavdínos	Claudin	Χριστιάνα	Christiána	Christiane
Κλαύδιος	Klávdios	Claude	Χριστίνα	Christína	Christine

2. Les formes de l'écriture

a) Les différences nationales

✓ *Les lettres de l'écriture cursive latine sont-elles les mêmes d'un pays à l'autre ?*

L'écriture en usage dans les écoles françaises est l'écriture latine. Il existe quelques variantes d'un pays à l'autre. Ces variantes peuvent concerner la forme des lettres : par exemple les écritures allemande, autrichienne, italienne ne développent pas la lettre « *z* » manuscrite sous la ligne mais l'écrivent comme un « *Z* » en majuscule typographique. Elles peuvent aussi concerner les signes diacritiques : des signes diacritiques ignorés de certaines langues existent dans d'autres. Par exemple, la cédille sous le « *c* » n'existe pas en espagnol ; en revanche le tilde espagnol n'existe pas en français. Les variantes concernent aussi le nombre de lettres : l'écriture allemande comporte une lettre de plus que la nôtre, le eszett – [εs'tsεt] ß – qui correspond à un « *s* » dur ; l'écriture italienne comporte cinq lettres de moins – *j*, *x*, *k*, *y*, *w*. Ces lettres sont cependant utilisées dans les mots d'origine étrangère. L'écriture dont il sera question dans cet ouvrage est uniquement l'écriture des minuscules donnée comme modèle en France.

À notre époque où des élèves peuvent arriver de divers pays, il est utile de savoir que de telles différences peuvent exister.

b) Unités de mouvement et formes constitutives de l'écriture

✓ *Comment sont formées les lettres de l'alphabet ?*

L'enseignant pourra aider à l'acquisition d'un mouvement cursif en faisant découvrir que chaque lettre de l'alphabet a au moins une partie concave (attaque, corps ou finale) qui se dirige vers la droite (cf. exercice page suivante).

Une première observation de l'ensemble des lettres fait remarquer que la plupart tournent vers la droite au contact avec la ligne de base, celle où elles reposent. Quelques lettres tournent aussi vers la droite en haut du premier interligne : *m, n, r, h, k*. On peut alors commencer à les classer en deux séries selon ce critère : d'un côté les lettres qui vont vers la droite « en creux » (tracé concave) ou dont une partie va ainsi vers la droite, d'un autre côté celles qui y vont en pont (tracé convexe) ou dont une partie va ainsi vers la droite. Ce qui donne :

Trajectoire du tracé dans son déplacement vers la droite					
Concave	**Convexe**	**Concave**	**Convexe**	**Concave**	**Convexe**
a		j	j	t	
b		k	k	u	
c		l		v	v
d		m	m	w	w
e		n	n	x	x
f		o		y	y
g	g	p	p	z	z
f		q			
h	h	r	r		
i		s	s		

Ce classement oblige à placer certaines lettres dans les deux séries. Il fait prendre conscience que toute lettre a dans sa trajectoire une partie qui se dirige vers la droite par un mouvement concave. Toutes les lettres sont donc présentes dans la première série : en conséquence on constate que toutes les lettres ont une partie qui tourne vers la droite par un tracé concave. Pour les lettres « *m* » et « *n* » il s'agit seulement de la fin. Pour la lettre « *r* », il s'agit aussi de la fin mais également du début de la lettre. Il suffit pour s'en convaincre de superposer un « *l* » et un « *r* » en commençant exactement au même endroit : l'attaque du « *r* » épouse exactement le début du « *l* ». Si les jambages bouclés adoptent un déplacement convexe vers la droite, la première partie des lettres qui en contiennent (« *g* », « *j* », « *y* ») y va en suivant une trajectoire concave.

La recherche[1] a montré que les formes constitutives des lettres sont au nombre de sept, réparties en deux **unités de mouvement** : une **forme de base** par unité de mouvement, deux **dérivées** pour chaque forme et une dérivée secondaire pour l'une d'elles. J'appelle dérivée une forme qui dérive de la forme de base en changeant l'un des critères.

Comme aucune lettre n'existe sans partie concave vers la droite, la première unité de mouvement est celle qui va de la gauche vers la droite dans un mouvement concave. La deuxième unité est donc celle qui génère un mouvement convexe. Elle est deuxième puisqu'elle n'existe dans les lettres qu'associée à une première unité (aucune lettre ne figure <u>que</u> dans la colonne « convexe »).

c) La première unité de mouvement : boucle, étrécie et rond

✓ *Existe-t-il une hiérarchie entre les formes ?*

La forme de base de première unité est la **boucle** : par définition, elle se dirige vers la droite par un mouvement concave — puisque c'est une forme de première unité. Si on la prolonge, elle se poursuit en tournant, c'est donc une forme arrondie. En étrécissant le plus possible

1 Danièle Dumont, *Le Système d'écriture des minuscules latines manuscrites en usage dans les écoles françaises*, Université Paris-Descartes, 2013 ; thèse de doctorat, sous la direction du professeur Alain Bentolila.

l'arrondi qui forme la boucle (c'est-à-dire en le rendant le plus étroit possible), on obtient ce que j'ai nommé une **étrécie**.

L'étrécie est la première dérivée de première unité. Dans la formation de l'étrécie, l'arrondi de la boucle disparaît. On peut donc dire que l'étrécie est une forme non arrondie (par opposition à la boucle qui est une forme arrondie).

Avec une boucle on forme directement la lettre *e*. En étirant les doigts vers le haut, on forme la lettre « *l* ». Si on ajoute un point sur une étrécie, on forme la lettre « *i* ».

La boucle et l'étrécie commencent en bas à gauche. Si, au lieu de commencer à gauche on commence à droite et qu'on fasse le même mouvement on obtient un **rond**. On peut fermer le rond en ramenant le tracé à son point d'attaque ou le laisser ouvert.

Avec un rond seul et sans le fermer on forme la lettre « *c* ».

L'ensemble des formes de première unité se résume donc au tableau suivant.

	Première unité
Forme de base	boucle
1re dérivée : changement de degré d'arrondi	étrécie
2e dérivée : changement de lieu d'attaque	rond

○ Comment faire percevoir qu'il existe un sens dominant dans l'écriture ? (Première approche)

Exercice

Préparation. Dicter la phrase : *Elle te fait du cacao, du café au lait ou du tilleul ? Et lui ? Elle lui fait du café ?*

Consigne. Sous chaque lettre minuscule, placer une petite boucle sous les boucles, une petite étrécie sous les étrécies, un petit rond sous les ronds, un petit triangle sous les autres formes. Lorsqu'une lettre comporte deux formes, les placer l'une sous l'autre.

Corrigé. *On note la présence de boucles, d'étrécie et/ou de ronds sous chaque mot. En revanche, aucun triangle n'est présent.*

Le corps des lettres minuscules de cette phrase ne comporte donc que des lettres de première unité : elle ne comporte aucune autre forme que la boucle (petite, grande ou prolongée bas), l'étrécie (petite ou grande) et le rond (ouvert ou fermé). Cela montre qu'on peut écrire des phrases entières uniquement avec ces trois formes. En réalité, plutôt que des formes, ce sont des processus formateurs, des schèmes. Il ne s'agit pas de chercher à en dessiner la forme, mais d'en assimiler le processus créateur de façon à en fixer le programme moteur et d'adapter chaque tracé à celui qui précède et à celui qui suit. Nous verrons plus loin le détail de la forme de chaque lettre (cf. p. 56 et suiv.).

d) La deuxième unité de mouvement : pont, pont refermé et jambages

✓ *La hiérarchie entre les formes de 2e unité est-elle la même que celle des formes de 1re unité ?*

À l'inverse de la première, la deuxième unité va vers la droite par un mouvement convexe. Par définition, le **pont** en est la forme de base. Contrairement à la boucle, le pont n'est arrondi que dans son mouvement de translation vers la droite. Il ne tourne pas lui-même à son contact avec la ligne de base. C'est donc une forme non arrondie. Sa 1re dérivée s'obtient par changement du degré d'arrondi, c'est donc une forme arrondie. Si l'on arrondit le pont, on ramène le tracé en direction de son point de départ. J'ai donc appelé cette forme le **pont refermé**. On reconnaît facilement le pont refermé dans la lettre « *x* ». On le trouve aussi dans la lettre « *s* », mais il y démarre plus haut.

En changeant le lieu d'attaque et en le transportant en haut à droite par rapport à un pont virtuel, on ne peut poursuivre le tracé que par en bas. Cela se perçoit aisément quand on forme le jambage de la lettre « *j* » : le geste vient d'en haut et descend tout droit puis il se courbe pour remonter. C'est dans la fin de cette remontée du **jambage bouclé** que l'on voit que le mouvement vers la droite est convexe. Contrairement au pont refermé qui se referme sur la ligne de base dans les lettres « *s* » et « *x* », le jambage bouclé ne se boucle pas dans le premier interligne mais plus bas sous la ligne. En revanche, le pont refermé se concrétise en petit pont refermé qui investit le premier interligne (« *s* », « *x* ») et pont refermé prolongé bas qui descend sous la ligne au même niveau que le jambage bouclé (« *z* »). Il existe aussi en pont refermé à mi-hauteur dans la lettre « *k* ».

En étrécissant au maximum le jambage bouclé, on obtient un **jambage bâtonné**. Ce sont les bâtons de lettres « *p* » et « *q* ». Dérivée du jambage bouclé, le jambage bâtonné est une dérivée secondaire.

Les formes de deuxième unité peuvent donc se récapituler ainsi.

	Deuxième unité 
Forme de base	 pont
1re dérivée : changement de degré d'arrondi	 pont refermé
2e dérivée : changement de lieu d'attaque	jambage bouclé  Dérivée secondaire : jambage bâtonné 

○ Comment faire percevoir qu'il existe un sens dominant dans l'écriture ? (Deuxième approche)

Exercice

Consigne. Rechercher une lettre qui ne comporte que des formes de 2e unité.

Réponse. Il n'existe aucune lettre qui ne comporte que des formes de 2e unité. Les lettres « m » et « n » se terminent en 1re unité.

e) Les différents prolongements sous la ligne

○ Tous les prolongements en boucle sous la ligne sont-ils les mêmes ?

Exercice

Consignes.

a) Rechercher les lettres qui comportent des dépassements sous la ligne. Observer leurs différences et leur similitude. Les classer par catégories.

b) Écrire : *J'entendais le gaz fuir mais je ne voyais rien.* Vérifier le résultat de la première partie de l'exercice en observant la phrase.

Corrigé. *« j », « y », et « g » ont le même dépassement inférieur ; « f » a une autre sorte de dépassement inférieur, « z » a une troisième forme de dépassement inférieur.*

En écrivant le mot « gaz », on perçoit la différence de lieu d'attaque entre le pont refermé prolongé bas (2e partie du « z ») dont le tracé vient de la gauche et le jambage bouclé (2e partie du « g ») dont le tracé vient d'en haut à droite du rond. En écrivant « le gaz fuir », on perçoit la différence entre les dépassements sous la ligne : d'une part celui du « g » et celui du « z » tournent dans le même sens mais ils ne viennent pas du même endroit, d'autre part celui du « f » s'obtient en pliant les doigts à l'arrivée de la grande boucle sur la ligne de façon à descendre plus bas sous la ligne, il tourne dans en sens inverse de « g » et « z ». Le dépassement du « g » et celui du « z » sont créés par un mouvement dont la trajectoire vers la droite est convexe ; le dépassement inférieur du « f » est créé par un mouvement dont la trajectoire vers la droite est concave. Le dépassement des lettres « j » et « y » a le même lieu d'attaque et la même progression vers la droite que celui du « g ».

f) Expliquer et faire repérer la forme des lettres

✓ *Comment réapprendre aux enfants la forme des lettres ?*

✓ *Comment enseigner les formes constitutives des lettres ?*

L'habitude de voir les lettres d'un seul bloc peut avoir occulté chez les enfants la perception de l'existence des formes récurrentes qui les composent. Dans les lettres, cette récurrence est plus ou moins masquée par le fait que les formes s'adaptent pour se conjuguer : leur attaque et/ou leur finale se modulent en fonction de la forme qui suit. Par exemple, dans la lettre « *m* » à l'intérieur d'un mot, seul le pont du milieu a intégralement la forme théorique du pont, le pont initial s'adapte à la finale de la lettre qui précède, le pont final se recourbe doucement pour laisser place à une forme de première unité avant l'accès à la ligne de base.

Il est bon toutefois que les enfants comprennent comment sont formées les lettres. Je propose donc que, puisqu'il s'agit d'enfants déjà scripteurs, l'ensemble des formes leur soit présenté dans une même séance en expliquant leur formation en ce qui concerne les formes de base* et leur mode de dérivation en ce qui concerne les dérivées*. Les différenciations de dimension seront ajoutées au tableau pour qu'y figurent directement les grandes boucles utilisées pour écrire « *f* », « *b* », « *h* », « *k* », la boucle inférieure pour écrire « *f* », les grandes étrécies pour « *t* » et « *d* » et le pont refermé prolongé bas pour « *z* ».

L'enseignant gagnera à remplacer au fil de ses explications les termes de *concave* et *convexe* par les expressions *par en bas* et *par en haut*. Non pas qu'il faille éviter d'employer des termes exacts puisqu'ils enrichissent le vocabulaire des enfants mais les expressions *par en bas* et *par en haut* évoquent un mouvement, ce que ne font pas les termes plus savants. Cette évocation du mouvement est plus conforme à l'objectif *faire comprendre le processus créateur des formes* que l'évocation de la forme véhiculée par *concave* et *convexe* qui évoquent plutôt le résultat visible du mouvement.

NB :

1) Ne pas perdre de vue que les formes de base et dérivées doivent être perçues comme des processus de création des formes et non comme des dessins de lettres à reproduire. On ne donnera pas à tracer des lignes de lettres sauf éventuellement en début d'apprentissage puisqu'il s'agit alors de consolider la connaissance de la constitution de la lettre. En revanche, on ne donnera jamais à tracer des lignes de formes : des successions de formes peuvent être réalisées pour faciliter l'agilité des doigts ou pour encoder des positionnements dans le lignage mais des lignes de formes de base ou dérivées isolées n'ont pas lieu d'être.

2) S'agissant de montrer des processus, toute verbalisation du tracé sera exclue. Verbaliser le tracé, c'est-à-dire énoncer les actions faites au fil de l'écrit (*je monte en direction de ..., je tourne vers...*), ralentit le mouvement. L'enseignant ne pourrait alors montrer au tableau qu'un geste ralenti, ce qui prive le tracé de l'élan nécessaire au bon aménagement des formes les unes aux autres donc à la fluidité de l'écriture. C'est le processus qui doit être enseigné pas la représentation d'un dessin.

Compte tenu des différenciations de dimension qui produisent les dépassements supérieurs et inférieurs, l'ensemble des formes de base et dérivées peut se récapituler ainsi.

	Première unité	Deuxième unité
Forme de base	boucle	pont
1re dérivée : changement de degré d'arrondi	étrécie	pont refermé
2e dérivée : changement de lieu d'attaque	rond	jambage bouclé dérivée secondaire : jambage bâtonné
Différenciation de dimension Zone supérieure Extension des doigts	grande boucle grande étrécie	
Différenciation de dimension Zone inférieure Flexion des doigts	boucle inférieure	pont refermé prolongé bas

○ Comment faire repérer les formes constitutives des lettres ?

Exercice

Préparation. Les formes de base et leurs dérivées ayant été vues, faire un tableau de huit colonnes et vingt-sept lignes sur une feuille blanche. Faire une photocopie pour chaque enfant.

Consigne préparatoire. Dans la 1re ligne les enfants tracent dans l'ordre les formes qu'ils viennent d'apprendre en commençant par la 2e case. Dans la colonne de gauche, les enfants écrivent l'une sous l'autre chaque lettre de l'alphabet, une lettre par ligne en commençant à la deuxième ligne. La correction des formes et de l'ordre alphabétique se fait avant de poursuivre.

Consigne. Mettre une croix dans la ou les cases correspondant aux formes contenues dans chaque lettre (barres de « *t* » et points sur « *i* » et « *j* » exclus) même lorsque la forme n'est que partielle.

Corrigé.

	Boucle	Étrécie	Rond	Pont	Pont refermé	Jambage bouclé	Jambage bâtonné
a		x	x				
b	x	x					
c			x				
d		x	x				
e	x						
f	x						
g			x			x	
h	x	x		x			
i		x					
j	x					x	
k	x	x		x	x		
l	x						
m		x		x			
n		x		x			
o	x		x				
p	x	x		x			x
q			x				x
r	x	x		x			
s	x				x		
t		x					
u		x					
v	x	x		x			
w	x	x		x			
x			x		x		
y		x				x	
z	x				x		

3. L'alphabet

a) Les formes constitutives de chaque lettre

✓ *Comment chaque lettre se décompose-t-elle en formes de base et dérivées ?*

Si l'on exclut les signes libres, c'est-à-dire qui ne s'écrivent pas dans la continuité du corps des lettres (barre de « *t* », point sur le « *i* » et le « *j* », accent, tréma, cédille), chaque lettre de l'alphabet est constituée exclusivement d'une ou plusieurs formes de base ou dérivées selon le tableau suivant classé dans l'ordre d'apparition des formes en fonction de la logique de progression des formes de base et dérivées.

Pour rendre compte de l'aménagement des formes au moment où le tracé passe d'une forme à l'autre on parle de chunking*.

TABLEAU DE FORMATION DES LETTRES
Les chiffres renvoient à l'ordre d'apparition de la forme dans la lettre.

	Boucle	Étrécie	Rond	Pont	Pont refermé	Jambage bouclé	Jambage bâtonné
Boucle							
e : petite boucle	1						
l : grande boucle	1						
f : boucle prolongée haut et bas et attaque de boucle	1						
Introduction de l'étrécie							
i : petite étrécie surmontée d'un point		1					
u : double étrécie		1, 2					
t : grande étrécie barrée		1					
b : grande boucle prolongée par une demi-étrécie suivie d'une attaque de grande boucle	1, 3	2					

TABLEAU DE FORMATION DES LETTRES Les chiffres renvoient à l'ordre d'apparition de la forme dans la lettre.							
	Boucle	Étrécie	Rond	Pont	Pont refermé	Jambage bouclé	Jambage bâtonné
Introduction du rond							
c : rond non fermé			1				
o : rond fermé, attaque de grande boucle à la fermeture	1		2				
a : rond fermé par une petite étrécie		1	2				
d : rond fermé par une grande étrécie		1	2				
Introduction du pont							
n : double pont chunké avec une attaque d'étrécie		3		1, 2			
m : triple pont chunké avec une attaque d'étrécie		4		1, 2, 3			
h : grande boucle chunkée avec un pont lequel est chunké avec une attaque d'étrécie	1	3		2			
r : attaque de grande boucle suivie d'un pont chunké avec une attaque d'étrécie	1	3		2			
v : pont étroit chunké avec une demie étrécie suivie d'une attaque de grande boucle	3	2		1			
w : pont étroit chunké avec une étrécie suivie d'une demi-étrécie elle-même suivie d'une attaque de grande boucle	4	2, 3		1			

TABLEAU DE FORMATION DES LETTRES
Les chiffres renvoient à l'ordre d'apparition de la forme dans la lettre.

	Boucle	Étrécie	Rond	Pont	Pont refermé	Jambage bouclé	Jambage bâtonné
Introduction du pont refermé							
x : un pont refermé et un rond ouvert liés par collage			2		1		
s : attaque de grande boucle suivie d'un pont refermé	1				2		
z : attaque de grande boucle suivie d'un pont refermé lui-même chunké avec un pont refermé prolongé bas	1				2, 3		
k : grande boucle chunkée avec un pont refermé à mi-hauteur suivi d'un pont de mi-hauteur chunké avec une attaque d'étrécie	1	4		3	2		
Introduction du jambage bouclé (peut être introduit avant le pont refermé)							
j : attaque de grande boucle suivie d'un jambage bouclé	1					2	
y : étrécie suivie d'un jambage bouclé		1				2	
g : rond suivi d'un jambage bouclé			1			2	
Introduction du jambage bâtonné (peut être introduit avant le jambage bouclé ou avant le pont refermé)							
p : attaque de grande boucle suivie d'un jambage bâtonné puis d'un pont chunké avec une attaque d'étrécie	1	4		3			2
q : rond suivi d'un jambage bâtonné			1				2

La lecture du tableau montre que sept lettres ne sont constituées que d'une seule forme (*e*, *l*, *f*, *i*, *u*, *t*, *c*). La lettre *u* est composée de deux étrécies. Ces lettres s'écrivent toutes en première unité.

b) Les particularité des lettres « s » et « q »

✓ *Existe-t-il des lettres qui ne finissent pas vers la droite ?*

Les lettres « *s* » et « *q* » sont les seules à ne pas se terminer vers la droite. Leur liaison avec la lettre qui suit nécessite une attention particulière puisque le geste ne peut pas être continu.

En ce qui concerne la lettre « *s* », un bon geste graphique autorise de repasser exactement sur la fin de la lettre pour rejoindre l'attaque de la lettre suivante sans interruption du tracé : au lieu de lever le crayon à la fin de la lettre on retourne vers la droite en recouvrant le tracé qui vient d'être fait. Si l'habileté graphique est plus modeste, le tracé sera arrêté à gauche et l'attaque de la lettre suivante viendra se coller en bas à droite du *s*, tout contre sa base. Visuellement, cela ressemble beaucoup à la première façon de procéder. Lorsqu'on attache la lettre suivante tout contre la ligne de base, un peu sous le « *s* », on facilite la fluidité du geste. Lorsque l'écriture deviendra plus rapide, il sera alors facile de lier le *s* à la lettre suivante sans le déformer.

Le jambage bâtonné de la lettre « *q* » fait terminer la lettre tout en bas. La seule solution est donc de coller l'attaque de la lettre suivante au jambage en bas du premier interligne. Les scripteurs experts lient souvent cette lettre à la suivante. Cette liaison n'est pas admise à l'école.

✓ *Pourquoi ne pas accepter que l'on remonte sur le jambage de la lettre « q » comme on le fait pour la lettre « p » ?*

Pour que la forme de la lettre soit respectée, un tracé qui remonterait du bas du jambage devrait s'arrêter vers le haut de ce jambage au niveau du premier interligne. L'attaque de la lettre suivante viendrait s'enchaîner à l'extrémité de ce tracé. Ce tracé recouvrirait intégralement le jambage donc il ne se verrait pas, sinon sous la forme d'une surépaisseur. De plus repasser exactement sur un trait existant est difficile surtout tant que l'écriture n'est pas totalement maîtrisée. Par ailleurs un tel tracé remontant serait isolé, c'est-à-dire qu'il ne ferait partie d'aucune autre forme présente dans la lettre « *q* ». Il ne présente donc aucune utilité. Le cas du « *p* » est différent. Le jambage y est suivi d'un pont. Le tracé qui remonte sur le jambage en le couvrant s'analyse donc comme le début du pont. D'ailleurs lorsqu'un enfant a du mal à repasser sur le jambage du « *p* » on tolère qu'il lève le stylo pour commencer le pont sur la ligne de base.

Après « *s* » et « *q* », un trait de liaison aux lettres rondes (« *c* », « *o* », « *a* », « *d* », « *ç* », « *g* ») est nécessaire. C'est le seul cas où les lettres rondes sont précédées d'un trait d'attaque. À l'intérieur d'un mot, elles se collent directement à la finale de la lettre qui précède.

III. Faire prendre conscience

En cycle 3, les enfants ont acquis une certaine habitude d'écrire. Cette habitude draine avec elle un certain nombre de mauvaises habitudes que la pratique a banalisées au point que les enfants ont du mal à les percevoir comme telles. Ainsi, à partir du moment où le rond est formé, on pourrait penser que son sens de rotation est sans importance. À partir du moment où le sens de la phrase peut être saisi à la lecture, la structure précise des lettres peut être considérée comme sans incidence puisqu'en saisissant le sens on en rectifie en quelque sorte la forme. À partir du moment où la forme des lettres est respectée, on pourrait penser que leur dimension n'a pas d'importance. Si on a facilement conscience que l'espace entre les lettres est nécessaire à la lisibilité, en revanche on ne se rend pas toujours compte de l'ambiguïté créée par une absence d'espace. Enfin, parmi les prises de conscience les plus nécessaires à une bonne écriture, un bon déplacement des effecteurs est sans doute celle qui échappe le plus : on ne pense pas forcément qu'un mauvais maniement de crayon peut avoir une incidence sur la qualité de l'écriture.

Une prise de conscience des anomalies graphiques aidera à les combattre et à les remplacer par des façons de faire appropriées.

1. Le sens de rotation

✓ *Pourquoi vaut-il mieux tourner les ronds dans le bon sens ?*

Il est d'usage de tourner les ronds en sens inverse des aiguilles d'une montre. Mais est-ce un simple usage ?

Lieu d'attaque et sens de rotation des lettres rondes

Toutes les lettres de l'alphabet sans exception tournent dans ce sens à un endroit ou un autre de leur tracé. Tourner les lettres en sens inverse peut donner l'impression qu'elles s'enchaînent mieux. On peut s'en rendre compte en écrivant la lettre « *e* » suivie de la première partie d'un « *x* » puis de nouveau la lettre « *e* » suivie d'un « *o* » à l'endroit. Un arrêt du tracé s'impose si le « *o* » est attaqué en haut à droite comme il se doit. S'il est attaqué à gauche, soit il s'enchaîne directement et il faut bien lever le stylo pour aller en haut à droite afin de poursuivre, soit il fait l'objet de deux ruptures dans le geste, une pour attaquer le rond, une pour poursuivre la lettre à droite du rond. Ces façons de former les lettres rondes ne sont donc pas économiques malgré une première impression. Au contraire, un rond attaqué en haut à droite dans la trajectoire de la finale de la lettre qui précède n'oblige à aucun arrêt complémentaire du geste : le stylo traverse le rond en diagonale au-dessus du papier pour venir se poser à nouveau de l'autre côté.

○ Comment inciter à tracer les ronds dans le bon sens ?

Exercice 1 •

Préparation. Lire ou raconter la rencontre d'Ulysse et de Nausicaa (*L'Odyssée*, Homère, chant VI). Photocopier le texte encadré et en remettre un exemplaire à chaque enfant ou l'écrire au tableau. Le faire lire. Expliquer ou faire rechercher les mots difficiles dans le dictionnaire si nécessaire. Montrer la formation des lettres rondes en commençant par la lettre c.

Consigne. Recopier en veillant au sens de rotation des lettres rondes. On s'aidera en s'appuyant sur les lettres rondes en début de mot et sur la lettre « c » quelle que soit sa place. Réécrire le mot si une lettre ronde a été tournée à l'envers.

Nausicaa, princesse phéacienne.
Sur les conseils d'Athéna qui avait pris les traits d'une de ses chères amies, Nausicaa était allée laver le linge à la rivière près de la côte. Tandis que le linge séchait, Nausicaa jouait à la balle avec ses compagnes. La balle s'échappa. Aux cris des jeunes filles, Ulysse s'éveilla et alla à leur rencontre. La vue de ce grand corps couvert d'algues, blessé par les courants de la mer déchaînée fit fuir les servantes. Seule Nausicaa s'approcha. Elle ordonna à ses servantes d'apporter à l'étranger des habits propres et une collation. Après qu'il se fut lavé, Nausicaa pansa ses blessures et pris grand soin de lui. Grâce à Nausicaa, Ulysse fut accueilli au palais d'Alkinoos, père de Nausicaa. Il y conta ses aventures et fut reconduit à Ithaque.

D'après *L'Odyssée* d'Homère, Chant VI

Exercice 2

Préparation. Lire ou raconter l'histoire d'Atalante et Hippomène (*Les Métamorphoses*, Ovide, Livre 10, vers 560 à 707). Photocopier le texte encadré et en remettre un exemplaire à chaque enfant ou l'écrire au tableau. Le faire lire. Expliquer ou faire rechercher les mots difficiles dans le dictionnaire si nécessaire. Montrer la formation des lettres rondes en commençant par la lettre « c ».

Consignes. Recopier en veillant au sens de rotation des lettres rondes. On s'aidera en s'appuyant sur les lettres rondes en début de mot et sur la lettre « c » quelle que soit sa place. Réécrire le mot si une lettre ronde a été tournée à l'envers.

Atalante la chasseresse.
Allaitée par une ourse puis recueillie par des chasseurs, Atalante devint une redoutable chasseresse. Elle surpassait les hommes à la course. Après avoir consulté un oracle, elle décida qu'elle épouserait celui qui la vaincrait à la course et tuerait les autres prétendants. Atalante et Hippomène tombèrent amoureux l'un de l'autre. Hippomène demanda l'aide de Vénus pour vaincre Atalante. Celle-ci lui donna trois pommes d'or qu'il jeta sur le parcours pour ralentir Atalante. Atalante ramassa les pommes, ce qui la ralentit et permit à Hippomène de gagner la course. Il devint l'époux d'Atalante mais il omit de rendre grâce à Vénus. De colère, Vénus s'arrangea pour qu'ils soient métamorphosés tous les deux en lions.

D'après *Les Métamorphoses* d'Ovide, Livre X.

2. La précision de la structure

✓ *Est-ce gênant de ne pas avoir conscience de la façon dont une lettre est structurée ?*

C'est plus facile d'écrire une lettre lorsqu'on en comprend la structure. Sachant comment elle est composée, on en reproduit chaque forme. Dans le cas contraire, une forme entière peut disparaître dans l'écriture de la lettre. C'est le cas des « *f* » qui peuvent alors ressembler à des « *b* » et des « *a* » qui peuvent alors ressembler à des « *o* ». Une lettre mal structurée peut donc induire le lecteur en erreur.

a) La différence de structure entre « *f* » et « *b* »

La lettre « *b* » est composée d'une grande boucle sur laquelle s'enchaîne une demi-étrécie (demi, parce qu'elle s'arrête en haut de la ligne donc à mi-chemin de sa forme complète). Cette demi-étrécie se poursuit par une attaque de grande boucle. Si, au lieu d'étirer la boucle vers le bas pour tracer le prolongement bas du « *f* », on l'arrête trop tôt, à peine sous la ligne, alors les « *f* » prennent des allures de « *b* ». Ce sont des « *f* » pansus à la boucle inférieure courte et ouverte. Contrairement aux apparences, ce n'est pas une question de dimension mais une question de structure : si les « *f* » ainsi formés ressemblent à des « *b* » c'est bien parce que la partie basse, même si elle passe sous la ligne, est de forme non arrondie comme l'est une étrécie. Au contraire, l'arrondi de la boucle la referme et lui donne son apparence de f.

- **Comment aider à la prise de conscience de la nécessité de descendre les « *f* » de deux interlignes au moins sous la ligne ?**

Exercice

Préparation. Expliquer la formation de la lettre « *f* » puis celle de la lettre « *b* ». Faire comparer. Photocopier la liste de mots encadrée et en remettre un exemplaire à chaque enfant ou l'écrire au tableau. Les faire lire. Expliquer ou faire rechercher les mots difficiles dans le dictionnaire si nécessaire.

Consigne. Recopier en différenciant clairement la forme des « *f* « de celle des « *b* ».

Liste 1 : bête, fête ; bois, fois ; boire, foire ; fière, bière ; fruit, bruit ; fiche, biche ; franche, branche ; foule, boule ; banal, fanal ; fond, bond.
Liste 2 : fille, bille ; frise, brise ; fraise, braise ; bosse, fosse ; bourreau, fourreau ; bondé, fondé ; flanche, blanche ; frimer, brimer ; floc, bloc ; fol, bol.

b) La différence de structure entre « *o* » et « *a* »

Les lettres « *o* » et « *a* » s'attaquent l'une et l'autre à droite comme toutes les lettres rondes. Alors que dans la lettre « *o* » la fermeture du rond se fait en terminant le rond lui-même, dans la lettre « *a* » elle est assurée par une petite étrécie. La finale du « *o* » (attaque de grande boucle) se confond avec l'attaque de la lettre suivante (par exemple, elle monte s'il s'agit d'une lettre à grande boucle, elle descend un peu s'il s'agit d'un

« *i* » ou d'un « *u* »). Dans la lettre « *a* », cette confusion n'existe pas : si elle est formée correctement c'est la fin de l'étrécie qui va se confondre avec la lettre suivante. Certains enfants forment ces deux lettres de la même façon : un rond et, après un arrêt, une attache à la lettre suivante ; les « *a* » ressemblent alors à des « *o* ». Chez d'autres, le « *o* » ressemble à un « *a* » car l'œilleton fait descendre la finale trop bas et fait comme une sorte d'étrécie à l'intérieur du rond.

○ Comment faire prendre conscience de la nécessité de bien différencier « *o* » et « *a* » ? Comment inciter à faire cette différence ?

On pourra susciter cette prise de conscience en faisant écrire des mots pour lesquels le changement de « *o* » en « *a* », ou inversement, donne un autre mot.

Exercice 1

Préparation.

a) Montrer qu'un « *o* » mal fait peut être pris pour un « *a* » et inversement. Expliquer pourquoi. Photocopier le texte encadré et en remettre un exemplaire à chaque enfant. Pour les CE2, on peut choisir de copier le texte en laissant un espace après les mots entre parenthèse pour que les enfants puissent les recopier. Faire les photocopies nécessaires.

b) Préparer l'exercice oralement avec l'ensemble de la classe. Selon le niveau de la classe, les enfants souligneront les mots justes au fur et à mesure de la préparation orale.

Consignes.

CE2 – Sous le texte ou dans les espaces libres selon le document distribué, écrire les mots qui figurent entre parenthèses. Mettre entre parenthèses le mot qui ne convient pas. Veiller à l'écriture des lettres « *a* » et « *o* ».

CM1 et CM2 – Recopier le texte en laissant entre parenthèses les mots qui ne conviennent pas. Veiller à l'écriture des lettres « *a* » et « *o* ».

> Un chat (rade/rode) près de la (rade/rode). Il se faufile sur un bateau. Quelle chance ! Une (grasse/grosse) (sale/sole) a échappé à la vigilance des pécheurs. Il s'apprête à en faire ses choux (gras/gros) lorsqu'un (gras/gros) (rot/rat) surgit. Un (rat/rot) énorme ! Pris de frayeur, le chat grimpe au (mot/mat). Il n'a pas le temps de voir que le (rat/rot) lui aussi, pris de frayeur a fui quelque (part/port) sur le (part/port). Pendant ce temps, tranquillement, un goéland s'est fait un festin de la (sole/sale). Du haut du (mat/mot), le chat se (tard/tord) de rage. Il s'empêtre dans la voilure et (crac/croc) la voile se déchire, le chat tombe à (plat/plot) sur le pont.

Corrigé. (Consigne CM1 et CM2)
Un chat (rade) rôde près de la rade (rode). Il se faufile sur un bateau. Quelle chance ! Une (grasse) grosse (sale) sole a échappé à la vigilance des pêcheurs. Il s'apprête à en faire ses choux gras (gros) lorsqu'un (gras) gros (rot) rat surgit. Un rat (rot) énorme ! Pris de frayeur, le chat grimpe au (mot) mât. Il n'a pas le temps de voir que le rat (rot) lui aussi, pris de frayeur a fui quelque part (port) sur le (part) port. Pendant ce temps, tranquillement, un goéland s'est fait un festin de la sole (sale). Du haut du mât (mot), le chat se (tard) tord de rage. Il s'empêtre dans la voilure et crac (croc) la voile se déchire, le chat tombe à plat (plot) sur le pont.

Exercice 2

Préparation.
a) Montrer qu'un « *o* » mal fait peut être pris pour un « *a* » et inversement. Expliquer pourquoi. Photocopier le texte encadré et en remettre un exemplaire à chaque enfant. Pour les CE2, on peut choisir de copier le texte en laissant un espace après les mots entre parenthèse pour que les enfants puissent les recopier. Faire les photocopies nécessaires.
b) Préparer l'exercice oralement avec l'ensemble de la classe. Selon le niveau de la classe, les enfants souligneront les mots justes au fur et à mesure de la préparation orale.

Consignes.
CE2 – Sous le texte ou dans les espaces libres selon le document distribué, écrire les mots qui figurent entre parenthèses. Mettre entre parenthèses le mot qui ne convient pas. Veiller à l'écriture des lettres « a » et « o ».

CM1 et CM2 – Recopier le texte en laissant entre parenthèses les mots qui ne conviennent pas. Veiller à l'écriture des lettres « *a* » et « *o* ».

> Noah veut faire une (force/farce) à son papa qui va bientôt arriver de la (gore/gare). Il ressort le masque de (lopin/lapin) qu'il avait mis pour le (bol/bal) masqué l'an dernier. Il le trouve bien (pôle/pâle). Il sort ses peintures. Il le faudrait un peu plus (rosé/rasé) sur les joues. Il ajoute du (rose/rase) mais cela ne va pas. "Un peu d'(ocre/acre) alors ? sans (obus/abus)" se dit-il. Il se regarde dans la glace, que c'est (moche/mâche) ! Vite, vite ! Il faut trouver (autre/outre) chose (car/cor) l'heure tourne. Il aperçoit papa qui fait le (code/cade) à la grille de l'immeuble. Tant pis, la (force/farce) sera pour une (outre/autre) fois.

Corrigé. (Consigne CM1 et CM2)

Noah veut faire une (force) farce à son papa qui va bientôt arriver de la (gore) gare. Il ressort le masque de (lopin) lapin qu'il avait mis pour le (bol) bal masqué l'an dernier. Il le trouve bien (pôle) pâle. Il sort ses peintures. Il le faudrait un peu plus rosé (rasé) sur les joues. Il ajoute du rose (rase) mais cela ne va pas. « Un peu d'ocre (acre) alors ? Sans (obus) abus » se dit-il. Il se regarde dans la glace, que c'est moche (mâche) ! Vite, vite ! Il faut trouver autre (outre) chose car (cor) l'heure tourne. Il aperçoit papa qui fait le code (cade) à la grille de l'immeuble. Tant pis, la (force) farce sera pour une (outre) autre fois.

3. La dimension des lettres

✓ *Est-il important qu'une lettre soit de la dimension convenue ou peut-on prendre des libertés avec la dimension ?*

a) La dimension en général

Le modèle calligraphique impose des rapports de dimension entre les lettres. Les lettres à grande boucle sont trois fois plus hautes que les petites lettres. Les lettres à étrécie sont intermédiaires entre les deux. Est-ce vraiment gênant que les dimensions soient malmenées ?

○ **Comment aider à se rendre compte que la dimension des lettres et parties de lettres a son importance ?**

Exercice

Préparation. Photocopier le texte codé et la grille de décodage.

Consigne. Retrouver le texte en utilisant la grille.

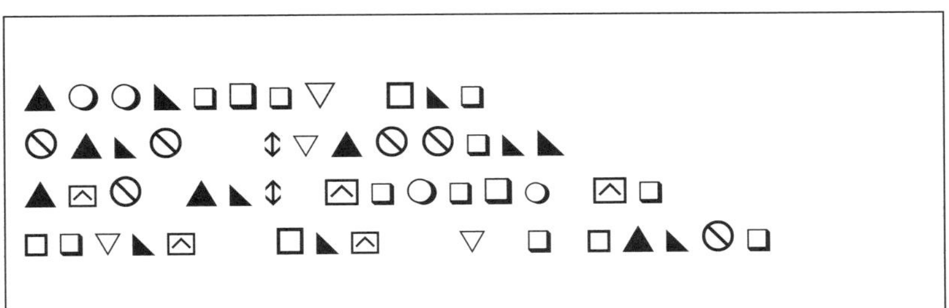

Grille de décodage								
▽	▲	◣	❑	↕	⊘	□	⊼	❍
l	v	u	e	f	h	c	i	s
▽	▲	◣	❑	↕	⊘	□	⊼	❍
z	a	r	n	g	j	q	m	p
▽	▲	◣	❑	↕	⊘	□	⊼	❍
y	o	w	b	x	t	k	d	

Corrigé. *Apprenez que tout flatteur vit aux dépens de celui qui l'écoute.*
Une attention particulière a été nécessaire pour ne pas se tromper de dimension, ce qui aurait faussé le décodage du texte. On peut alors demander si, de la même façon, des lettres mal dimensionnées gênent la lecture. Est-ce le cas ? Si oui, est-ce le cas de toutes les lettres ou de certaines seulement ?

✓ *Toutes les erreurs de dimension ont-elles la même importance ?*

b) La différence entre « *e* » et « *l* »

Imaginons deux groupes de mots écrits dans des rayures Sieyès en inversant les dimensions. Premier groupe de mots : « une nuit noire ». Les lettres basses sont de la dimension des hampes bouclées. Le « *t* » est à peine d'un interligne. La phrase reste lisible. Deuxième groupe de mots : « deux libellules bleues ». Les lettres basses sont de la dimension des hampes bouclées. Le « *t* » est à peine d'un interligne. « *l* » et « *b* » sont réduits à la dimension du premier interligne. La phrase devient illisible. Si ce cas extrême ne se rencontre pas, on rencontre en revanche, des confusions de zones par ci par là, c'est à dire des lettres isolées aux dimensions inversées qui selon les cas ne seront pas une gêne majeure ou, au contraire, constitueront une gêne importante à la compréhension du texte. L'équipe d'Ajuriaguerra les avait remarquées et en avait fait un item de son échelle de caractéristiques de l'écriture de l'enfant[2].

2 Neuropédopsychiatre Julian Ajuriaguerra s'est consacré aux aspects cliniques, pédagogiques et psychologiques du développement de l'enfant. L'échelle dite « des composantes enfantines » répertorie les spécificités de l'écriture de l'enfant. Actuellement, elle ne peut plus faire référence en l'état mais on rencontre encore chez l'enfant les items répertoriés.

La comparaison des deux groupes de mots montre que le problème se pose surtout lorsqu'il s'agit de lettres dont la forme essentielle existe dans les deux dimensions : lorsque les « *e* » deviennent trop grands on peut les prendre pour des « *l* » ; lorsque les « *l* » deviennent trop petits on peut les prendre pour des « *e* ». Ces deux lettres étant fréquentes la confusion de leurs dimensions gêne la lecture.

○ Comment faire travailler la différence de hauteur entre « *e* » et « *l* » ?

L'objectif de l'exercice est d'inciter les enfants à différencier clairement les petites boucles (lettre « *e* ») et les grandes boucles (lettres « *b* », « *l* », « *f* », « *h* », « *k* »).

Exercice

Préparation. Écrire au tableau « elle est belle » sans différencier la dimension des « *e* » et des « *l* ». Faire commenter. En tirer les conclusions. Recopier le texte en écriture cursive sur rayures Sieyès en adoptant la dimension de deux interlignes pour l'ensemble des boucles qu'elles soient petites ou grandes. Le photocopier. En distribuer un exemplaire à chaque élève.

Consigne. Recopier le texte en différenciant clairement la hauteur des lettres : un interligne pour les petites boucles, trois interlignes pour les grandes.

Texte 1 Quelle belle journée ! Le tilleul offre une ombre fraiche. Une feuille en tombant effleure les cheveux de l'enfant. Quelle merveille ! se dit Maman regardant sa fille endormie.

Texte 2 Je te l'ai dit mille et mille fois, Annabelle, si tu veilles trop tard, tu ne te réveilleras pas à l'heure pour aller à l'école !

c) La différence entre « *n* » et « *p* »

Souvent, les enfants font des « *p* » trop petits. Lorsque cette réduction du jambage est extrême, ce qui n'est pas rare, cela a pour inconvénient de les faire confondre avec des « *n* » qui auraient un premier pont anguleux, ce qui n'est pas rare non plus.

La prise de conscience du risque de confusion, la difficulté à se relire soi-même peuvent inciter les enfants à écrire des p de bonne dimension.

Comment inciter à descendre les « *p* » suffisamment bas ?

Exercice 1

Préparation. a) Écrire au tableau les mots « patin » et « matin » en ne descendant pas le « *p* » sous la ligne dans le premier. Faire lire. Faire commenter. En tirer les conclusions. Photocopier le texte encadré et en remettre un exemplaire à chaque enfant. Pour les CE2, on peut choisir de copier le texte en laissant un espace après les mots entre parenthèses pour que les enfants puissent les recopier. Faire les photocopies nécessaires.
b) Préparer l'exercice oralement avec l'ensemble de la classe. Selon le niveau de la classe, les enfants souligneront les mots justes au fur et à mesure de la préparation orale.

Consigne. CE2 – Sous le texte ou dans les espaces libres selon le document distribué, écrire les mots qui figurent entre parenthèses. Mettre entre parenthèses le mot qui ne convient pas. Veiller à l'écriture des lettres « *p* ».

CM1 et CM2 – Recopier le texte en laissant entre parenthèses les mots qui ne conviennent pas. Veiller à l'écriture des lettres « *p* ».

> Du (nain/pain), de l'eau (notable/potable), une (noire/poire), quelques (noix/poix) est-ce assez pour me (renaître/repaître) ? se demandait Baptiste assis sur le bord du chemin. Ma voiture est en (nappe/panne) en pleine (pâture/nature). Me voilà tout en (page/nage) de l'avoir trop poussée. Je ne vais pas en mourir, j'ai de quoi me (pourrir/nourrir) en attendant qu'on vienne me dépanner. Je ne sais même pas comment se (pomme/nomme) le village là-bas. Pas simple pour dire où je suis.

Corrigé. (Consigne CM1 et CM2)

Du (nain) pain, de l'eau (notable) potable, une (noire) poire, quelques noix (poix) est-ce assez pour me (renaître) repaître ? se demandait Baptiste assis sur le bord du chemin. Ma voiture est en (nappe) panne en pleine (pâture) nature. Me voilà tout en (page) nage de l'avoir trop poussée. Je ne vais pas en mourir, j'ai de quoi me (pourrir) nourrir en attendant qu'on vienne me dépanner. Je ne sais même pas comment se (pomme) nomme le village là-bas. Pas simple pour dire où je suis.

Exercice 2

Préparation. Écrire au tableau les mots « patin » et « matin » en ne descendant pas le « *p* » sous la ligne dans le premier. Faire lire. Faire commenter. En tirer les conclusions. Photocopier le texte encadré et en remettre un exemplaire à chaque enfant.

Consigne. Recopier le texte encadré en veillant à l'écriture des « *p* ».

Quel temps de chien ! Il pleut. Philipe a pris le petit parapluie à pois que lui a donné son père, mais il ne l'aime pas. Un parapluie ! Un parapluie à pois ! Quelle idée ! Il aurait préféré prendre son imperméable, mais il est trop petit. Alors tant pis ! Mieux vaut prendre un parapluie à pois qu'être trempé.

d) Les « *a* » qui ressemblent à des « *d* »

Une anomalie assez fréquente réside dans la dimension excessive de l'étrécie qui ferme le rond du « *a* ». Le « *a* » ressemble alors à un « *d* ». À l'inverse, certains enfants font des « *d* » trop petits. Dans ce cas, en général, la dimension du rond est respectée et l'étrécie est trop petite. Ces anomalies peuvent gêner la lecture, surtout si elles coexistent.

○ **Comment faire prendre conscience de la nécessité de différencier clairement « *a* » et « *d* »? Comment habituer à faire une différence nette en écrivant ?**

Exercice

Préparation. Montrer qu'un « *a* » à l'étrécie trop grande peut être pris pour un « *d* ». Inversement, montrer qu'un « *d* » à étrécie trop courte peut être pris pour un « *a* ». Recopier en cursive les listes encadrées, les photocopier et en remettre un exemplaire à chaque enfant.
Selon le niveau de la classe, l'exercice pourra être préparé oralement préalablement. Il pourra aussi être préparé par groupes de deux.

Consigne. Tous les « *a* » de ces mots ont été remplacés par des « *d* ». Déchiffrer les mots, les vérifier au besoin dans le dictionnaire puis les écrire correctement.

Liste 1 : cdmdrdde, mdddme, dddition, sdldde, cddedu, bdddud, ldmpdddire, mdnddrine, dbrdcdddbrd, cdscdde. **Liste 2 :** dide, cddends, duddce, cdrdidque, dddpté, ddhlid, ddncing, disdnce, ddrd, ddurdde, diddème, ddnse, dutdnt, crdpdud, drdgon, dile, drdignée, drdp, drrondi, bdndedu.

Corrigé.
Liste 1 : *camarade, madame, addition, salade, cadeau, badaud, lampadaire, mandarine, abracadabra, cascade.*

Liste 2 : *aide, cadenas, audace, cardiaque, adapté, dahlia, dancing, aisance, dard, daurade, diadème, danse, autant, crapaud, dragon, aile, araignée, drap, arrondi, bandeau.*

4. Les espaces interlettres

✓ *Que se passe-t-il si l'espace entre les lettres n'est pas respecté ?*

a) Les espaces inter-lettres en général

Les mots écrits sont dissociés les uns des autres grâce aux espaces qui les entourent. En revanche, dans les mots, les lettres de l'écriture cursive sont liées les unes aux autres. Pour que l'écriture soit lisible, les lettres doivent se dégager clairement les unes des autres. Chaque lettre a un début et une fin qui lui sont propres. C'est-à-dire que toutes les lettres ne commencent pas et ne se terminent pas de la même façon. Elles se terminent souvent en petite étrécie mais pas toujours. Par exemple, c'est la remontée du jambage bouclé lui-même qui termine les lettres à jambage. À l'intérieur des mots, les attaques et les finales se chunkent, c'est à dire s'aménagent les unes par rapport aux autres mais ni la forme du début de la lettre ni celle de la fin ne disparaissent. Par exemple dans le mot « ne » la fin du « *n* » et le début du « *e* » se confondent mais l'attaque d'étrécie qui termine le « *n* » ne disparaît pas. Lorsque les lettres sont trop proches on dit qu'elles se télescopent. Certains télescopages créent des confusions.

b) Télescopage du « *o* » et du « *i* » dans les graphèmes « *oi* » ou « *oin* »

La lettre « *o* » est formée d'un rond fermé sur lui-même complété d'une attaque de grande boucle. Cette attaque amorce la liaison avec la lettre suivante. Un trop fort rapprochement avec la lettre qui suit peut en faire disparaître l'attaque en même temps qu'elle fait disparaître la finale du « *o* ». Dans les graphèmes *oi* ou *oin* l'étrécie qui forme la lettre *i* peut être confondue avec une fermeture du rond comme dans la lettre « *a* ». En conséquence « *o* » et « *i* » trop rapprochés peuvent se lire « *a* ».

○ Comment aider à prendre conscience de la nécessité d'espacer « *o* » et « *i* » et à respecter cet espacement ?

Exercice

Préparation. Expliquer la formation de la lettre « *a* ». Écrire le graphème [oi]. Faire réfléchir à la différence d'écriture entre les deux. En tirer les conclusions. Photocopier les listes encadrées et en remettre un exemplaire à chaque enfant. Lire les mots avec les enfants. Les expliquer au besoin ou les faire chercher dans le dictionnaire.

Consigne. Recopier les mots en veillant aux espaces entre les lettres et tout spécialement entre « *o* » et « *i* ».

Liste 1 : apercevoir, arrosoir, tard, asseoir, char, avoir, bonsoir, tiroir, part, égouttoir, émouvoir, entonnoir, miroir, mouchoir, bazar, espoir, entrevoir, lézard, réservoir, voir.
Liste 2 : dortoir, toit, toi, joie, jaguar, foire, couloir, pleuvoir, voile, poire, hasard, trois, soif, savoir, retard, soir, trottoir, oiseaux, poissons, point, pain, besoin.

c) Télescopage du « *b* » et du « *e* »

La lettre « *b* » est formée d'une grande boucle sur laquelle s'enchaîne une demi-étrécie. N'étant tracée qu'à moitié, l'étrécie ne redescend pas du haut de l'interligne, elle s'arrête là et le « *b* » se termine par une attaque de grande boucle. Lorsque les lettres « *b* » et « e » sont télescopées, le « *e* » redescend le long de la demi-étrécie du « *b* ». Le tout ressemble alors à la syllabe « le » dont le « *e* » serait commencé par une cassure. Cette anomalie est assez fréquente.

○ Comment aider à prendre conscience de la nécessité d'espacer « *l* » et « *e* » et à respecter cet espacement ?

Exercice 1

Préparation. Lire ou raconter l'histoire d'Ulysse et le Cyclope (vers 170 à 566 de *L'Odyssée*). Photocopier le texte encadré et en remettre un exemplaire à chaque enfant ou écrire le texte au tableau. Le lire ou le faire lire. Expliquer les mots au besoin ou les faire chercher dans le dictionnaire. Montrer et expliquer l'espacement entre « *b* » et « *e* », en écrivant au tableau les syllabes « *be* » et « *le* ».

Consigne. CE1 – Écrire les mots soulignés en s'appliquant à former les syllabes « *be* » et « *le* ».

CM1 et CM2 – Écrire le texte en s'appliquant à former les syllabes « *be* » et « *le* ».

Ayant absorbé beaucoup de vin offert par Ulysse qui préparait sa ruse, le Cyclope était tombé endormi. Ulysse le rendit alors aveugle en enfonçant un pieu dans son unique œil. Le Cyclope se réveille en hurlant. Il se lève, il titube, il tombe. Le voilà à terre tout hébété de douleur. Ulysse prépara la sortie de l'antre en attachant ses compagnons sous les plus belles bêtes du troupeau. Lui-même il s'attacha sous le plus beau bélier. À l'aube, lorsque le Cyclope fit sortir son troupeau Ulysse et ses compagnons purent ainsi s'évader.
D'après *L'Odyssée* d'Homère.

Exercice 2

Préparation. Photocopier la liste encadrée et en remettre un exemplaire à chaque enfant ou écrire la liste au tableau. Lire les mots de la liste. Les expliquer au besoin ou les faire chercher dans le dictionnaire. Montrer et expliquer l'espacement entre « *b* » et « *e* », en écrivant au tableau les syllabes « *be* » et « *le* ».

Consigne. Écrire les mots en s'appliquant à former les syllabes « *be* » et « *le* ».

Corbeille, mirabelle, libellule, cube, crabe, belette, bête, bibelot, bêtise, éberlué, abeille, belle, embellir, gobelet, barbe, tube, poubelle, dérober, gabelle.

d) Télescopage du « *c* » et du « *i* »

La lettre « *c* » est formée d'un rond pas fermé, donc ouvert sur sa droite. La lettre « *i* » est formée d'une petite étrécie. Comme la lettre « *a* » est formée d'un rond fermé par une petite étrécie, le manque d'espace entre les deux lettres peut faire confondre « *ci* » et « *a* ».

○ **Comment aider à prendre conscience de la nécessité d'espacer « *c* » et « *i* » et à respecter cet espacement ?**

Exercice 1

Préparation. Lire ou raconter la fable de La Fontaine « Le Gland et la Citrouille ». Photocopier le texte encadré et en remettre un exemplaire à chaque enfant ou l'écrire au tableau. Montrer et expliquer l'espacement entre « *c* » et « *i* », en écrivant au tableau la syllabe « *ci* » et la lettre « *a* ». Selon le niveau de la classe, l'exercice pourra être préparé oralement préalablement.

Consignes.
CE1 – Écrire les mots soulignés en les complétant avec « *ci* » ou « *a* ». Vérifier au besoin dans le dictionnaire.

CM1 et CM2 – Écrire le texte en complétant les mots avec « *ci* » ou « *a* ». Vérifier au besoin dans le dictionnaire.

M_rch_nt d_ns l'_llée bordée de _boulette, Garo contempl_it les _trouilles de son pot_ger. Quelle idée d'_voir mis une tige _ussi gr_ _ le à une _ussi grosse courge, se dit-il en lev_nt les yeux _ux _eux. Il _ll_ s'_llonger sous un chêne. « Moi, c'est sur cet _rbre-_ que j' _ur_is f_it pousser l_ _trouille ». M_is voi_ qu'un gl_nd lui tombe sur le nez. « Dieu mer_, j'en ser_i quitte pour une petite _c_trice, pens_-t-il, t_ndis que l_ _ trouille m'_ur_it bien envoyé tout droit _u _metière. »

D'après la fable de La Fontaine, « Le Gland et la Citrouille »

Corrigé.

Marchant dans l'allée bordée de ciboulette, Garo contemplait les citrouilles de son potager. Quelle idée d'avoir mis une tige aussi gracile à une aussi grosse courge, se dit-il en levant les yeux aux cieux. Il alla s'allonger sous un chêne. « Moi, c'est sur cet arbre-ci que j'aurais fait pousser la citrouille ». Mais voici qu'un gland lui tombe sur le nez. « Dieu merci, j'en serai quitte pour une petite cicatrice, pensa-t-il, tandis que la citrouille m'aurait bien envoyé tout droit au cimetière. »

Exercice 2

Préparation. Photocopier la liste de mots encadrée et en remettre un exemplaire à chaque enfant ou l'écrire au tableau. Montrer et expliquer l'espacement entre « *c* » et « *i* », en écrivant au tableau la syllabe « *ci* » et la lettre « *a* ».

Consigne. Copier les mots en s'appliquant à distinguer clairement « *ci* » et « *a* ».

Éclaircir, racine, félicitation, glacial, décimal, cinéma, facile, acide, capacité, accident, cigale, circulation, adoucir, artificiel, sociable.

5. Le déplacement de la main

✓ *La façon de manier son stylo se répercute-t-elle sur la qualité de l'écriture ?*

a) La montée progressive des mauvais maniements du stylo

Avec l'introduction du stylo à bille dans les écoles, il y a une soixantaine d'années, les pleins et les déliés ont laissé place progressivement à une écriture à l'épaisseur moins contrastée qui pouvait paraître moins belle. Courant plus vite que la plume sur le papier, la bille a incité à relâcher l'effort fait pour bien écrire. Le maniement des nouveaux outils scripteurs (stylos à bille puis bientôt stylos feutre) était plus facile et n'imposait pas un apprentissage contraignant comme celui des porte-plume.

Actuellement, nombre de personnes tiennent le stylo d'une façon plus ou moins fantaisiste et écrivent en bloquant leur bras contre le corps ou, à l'opposé, en écartant largement les coudes. Par vocation, une façon rationnelle de tenir et manier le stylo doit être économique. Pour coûter le moins possible en énergie, elle ne doit pas solliciter les muscles inutilement. En conséquence, la position la plus économique pour écrire est celle qui place la main dans l'axe de l'avant-bras et fait glisser légèrement l'avant-bras vers la droite au fil de l'écriture. Les autres positions créent des tensions dans les muscles et tendons. Ces tensions peuvent à la longue se révéler douloureuses.

○ **Comment faire prendre conscience qu'une mauvaise posture peut créer des douleurs au niveau de l'épaule et dans le dos ?**

Exercice

Préparation. Aucune.

Consigne pour droitier. Assis face à la table, le dos droit sans rigidité, les pieds posés à plat au sol, poser l'avant-bras droit sur la table. Passer son bras gauche derrière son dos et placer sa main gauche à plat sur son omoplate droite de façon à sentir le déplacement de l'omoplate et des muscles au cours des mouvements suivants : déplacer son bras sur la table en ramenant son coude près du corps puis en l'éloignant le plus possible en faisant tourner son bras, avant-bras toujours en contact avec la table ; sans bouger la tête, monter son épaule droite le plus près possible de sa joue droite toujours sans décoller l'avant-bras de la table.

Consigne pour gaucher. Assis face à la table, le dos droit sans rigidité, les pieds posés à plat au sol, poser l'avant-bras gauche sur la table. Passer son bras droit derrière son dos et placer sa main droite à plat contre son omoplate gauche de façon à sentir le déplacement de l'omoplate et des muscles au cours des mouvements suivants : déplacer son bras sur la table en ramenant son coude près du corps puis en l'éloignant le plus possible en faisant tourner son bras, avant-bras toujours en contact avec la table ; sans bouger la tête, monter son épaule gauche le plus près possible de sa joue gauche toujours sans décoller l'avant-bras de la table.

Cet exercice fait prendre conscience de la tension exercée sur les muscles par le déplacement du bras. On peut alors comprendre que, si elle est excessive, cette tension peut provoquer des douleurs. On peut comprendre aussi que l'on gagne à faire en sorte qu'il y ait le moins de tension possible (en quantité et en intensité) et admettre que certaines postures et/ou façons de manier le stylo créent plus que d'autres des tensions inutiles.

Outre qu'il fatigue inutilement ses muscles et tendons, celui qui manie mal son stylo laisse en écrivant la marque de ses défauts de déplacement de la main et des doigts sans qu'il en ait conscience. Cela affecte principalement la ligne de base. La dimension des lettres et leur espacement peuvent aussi en être affectés.

b) L'écriture descendante

En l'absence de lignage, les enfants ont tendance à écrire en descendant. Parfois même l'écriture descend malgré le lignage. On pense alors à un problème de vue. Peut-être. Mais ce n'est pas certain ou ce n'est pas la seule raison. Ce n'est pas forcément non plus une question de manque d'attention. En effet, si le bras est bloqué contre le corps et qu'il y reste, la main ne peut progresser qu'à la manière d'une mine de compas, le coude faisant office de pointe autour de laquelle le bras pivote. L'enfant tire alors sur sa main pour rejoindre la ligne quand elle existe. Cela a souvent pour effet de lui faire soulever l'épaule contre la joue, provoquant parfois des douleurs jusque dans le cou.

Les douleurs dans l'épaule et dans le cou quand on écrit et l'écriture qui descend ont donc généralement une même origine, une mauvaise stratégie de déplacement de l'avant-bras : le bras est bloqué contre le corps au lieu d'en être légèrement dégagé, l'avant-bras pivote autour du coude au lieu d'avancer vers la droite au fur et à mesure que l'écriture progresse sur la ligne. Cela soulève deux questions qui ne diffèrent que par le point de vue adopté, celui du résultat (l'écriture descend) ou celui de la cause (le coude est bloqué contre le corps).

- **Comment faire prendre conscience de la raison pour laquelle l'écriture descend ?**
- **Comment faire prendre conscience de la nécessité de ne pas bloquer son coude contre son corps pour écrire ?**

Ces prises de conscience peuvent aider à ne plus procéder ainsi.

Exercice

Matériel nécessaire. Feuilles de papier de format A4 : trois par enfant. Stylos feutres de différentes couleurs. La couleur des feuilles et des stylos sera définie par l'enseignant ou laissée au libre choix des enfants.

Préparation. Faire les modèles au tableau en suivant les consignes ci-dessous. Les numéroter en fonction de l'ordre d'exécution.

Consignes. Respecter l'ordre des consignes

a) Placer devant soi l'une des feuilles de papier en position paysage sans la mettre tout contre le bord de la table. Choisir un ou plusieurs stylos feutre. Placer son bras contre le corps. Sans décoller le coude du corps tracer une série de traits en partant en éventail de l'angle supérieur gauche. Toujours sans décoller le coude du corps, décorer l'intérieur de l'éventail de séries de petites boucles (qui, par voie de conséquence, iront en grossissant) soit en changeant de couleur, soit en conservant les mêmes couleurs. Ressentir la souplesse du déplacement du bras.

b) Après avoir rangé la première feuille, placer devant soi l'une des deux autres feuilles de papier en position paysage sans la mettre tout contre le bord de la table. Choisir un ou plusieurs stylos feutre. Placer son bras contre le corps. Sans décoller le coude du corps tracer, sur toute la longueur de la feuille, des traits horizontaux espacés de deux à trois centimètres en commençant en haut à gauche. Toujours sans décoller le coude du corps, décorer de séries de petites boucles à l'intérieur d'un rail sur deux soit en changeant de couleur, soit en conservant les mêmes couleurs. Ressentir la différence de souplesse du déplacement du bras par rapport à la réalisation précédente. Au besoin, refaire le geste de tracer un ou deux traits en éventail pour sentir la différence. Ressentir la tension créée au niveau de l'épaule.

c) Après avoir rangé la seconde feuille, placer devant soi la dernière feuille en position paysage sans la mettre tout contre le bord de la table. Choisir un ou plusieurs stylos feutre. Écarter légèrement le bras du corps. En avançant son bras vers la droite au fur et à mesure de l'action, tracer sur toute la longueur de la feuille des traits horizontaux espacés de deux à trois centimètres en commençant en haut à gauche. En procédant de même, décorer de séries de petites boucles l'intérieur d'un rail sur deux soit en changeant de couleur, soit en conservant les mêmes couleurs. Ressentir la différence de souplesse du déplacement du bras par rapport à la réalisation précédente. Au besoin refaire le geste de tracer un ou deux traits coude collé au corps. Ressentir dans les tracés coude dégagé la disparition de la tension créée au niveau de l'épaule par les tracés coude bloqué.

d) Commenter collectivement.
Le commentaire collectif fera apparaître une différence de souplesse du geste entre les tracés a et c d'un côté et le tracé b de l'autre. En laissant libre la direction de la ligne, le tracé coude bloqué contre le corps (a) peut se faire avec souplesse. En laissant libre la position du coude, donc du bras, le tracé coude légèrement écarté (c) peut suivre l'horizontale tout en restant souple. En bloquant le coude contre le corps tout en imposant de suivre une ligne horizontale, le tracé b demande plus d'effort donc crispe le geste. Chez certains enfants, on pourra voir cette différence à la différence de fluidité ou à l'étrécissement progressif des boucles.

c) La progression par petits arcs convexes successifs

À les observer de plus près on constate que certaines écritures progressent le long de la ligne par une succession de petits arcs convexes. L'inclinaison de l'axe des lettres et leur dimension y sont souvent inégales comme si l'écriture avait du mal à se stabiliser. Ce profil d'écriture est effectivement provoqué par un déplacement instable de la main : au lieu de progresser régulièrement vers la droite en gardant un positionnement homogène par rapport à l'avant-bras, la main pivote autour du poignet puis, arrivée à l'extrémité droite du champ balayé, elle se déplace d'un bloc. Autrement dit, au lieu d'assurer la souplesse du geste dans son mouvement de progression vers la droite le poignet se substitue à l'avant-bras pour conduire la main vers la droite sur un champ de déplacement maximum. Prendre conscience de cette anomalie peut aider à la combattre.

○ Comment faire prendre conscience de l'effet de la rotation de la main autour du poignet ? Comment faire prendre conscience de la nécessité de déplacer progressivement son poignet vers la droite ?

Exercice

Matériel nécessaire. Pour chaque enfant une feuille de papier uni de format A4 et une feuille de papier à réglures Sieyès. Des crayons ou stylos de couleur. La couleur des feuilles et des stylos sera définie par l'enseignant ou laissée au libre choix des enfants.

Préparation. Aucune.

Consignes. *Respecter l'ordre des consignes.*

a) Placer devant soi l'une des feuilles de papier en position portrait. Dans la moitié supérieure de la feuille, tracer un arc-en-ciel de plusieurs couleurs fait de demi-cercles concentriques en procédant de la façon suivante : placer son poignet au milieu de la feuille. Sans déplacer le poignet faire pivoter la main de gauche à droite à plusieurs reprises pour dessiner l'arc-en-ciel. Ressentir le déplacement de la main.

b) Dans la moitié inférieure de la feuille, faire trois séries d'arcs successifs alignés horizontalement en procédant de la même façon. On peut faciliter l'alignement en traçant une ligne horizontale qui traverse la feuille.

c) Placer devant soi l'autre feuille en position portrait. Tracer cinq traits horizontaux : un en haut de la feuille, deux au milieu sur deux lignes successives, deux en bas sur deux lignes successives. En utilisant le trait du haut comme repère, tracer en arcs de cercles successifs peu profonds des séries de petites boucles et grandes boucles liées alternées par deux (« *eelleellee* ») en faisant pivoter sa main autour du poignet.

d) Commenter collectivement la production et ce qui a été ressenti en faisant l'exercice.
Sauf peut-être chez les enfants qui écrivent lentement, l'axe des boucles a tendance à être en éventail. La dimension des boucles a également tendance à varier progressivement. Selon la façon habituelle d'écrire, cet exercice aura été ressenti comme laborieux ou, au contraire, comme facile.

e) En s'appuyant sur les traits du milieu, écrire "Une belle libellule bleu clair et un papillon jaune volent près du balcon" en faisant pivoter sa main autour du poignet. Déplacer la main d'un bloc chaque fois que c'est nécessaire.

f) En s'appuyant sur les traits du bas, écrire la même phrase sans faire pivoter sa main autour du poignet. Déplacer la main progressivement vers la droite. Comparer mentalement la qualité des deux dernières productions.

g) Commenter collectivement les deux dernières productions et ce qui a été ressenti en faisant l'ensemble de l'exercice.
Lorsque la main se déplace vers la droite de façon régulière, le poignet assurant la souplesse du geste mais ne servant pas d'axe de rotation, l'écriture devrait être plus régulière dans sa tenue de ligne, l'axe des lettres et ses dimensions.

L'ensemble montre l'intérêt d'écrire en faisant progresser son bras vers la droite au lieu de bloquer le poignet sur la feuille et de faire pivoter la main autour.

d) La diminution progressive de la dimension des lettres en hauteur et en largeur et leur resserrement progressif

Les inégalités de dimension des lettres sont fréquentes. On en trouve aussi bien chez les adultes que chez les enfants. Sans exiger une régularité qui serait incompatible avec la vie d'une écriture, l'enseignant veillera à ce que les inégalités ne soient pas trop marquées. Elles se répartissent généralement de façon aléatoire au fil de l'écrit. Cependant, certains types d'inégalités ne présentent pas cet aspect aléatoire mais semblent au contraire suivre un rythme récurrent : progressivement, la dimension de l'écriture diminue, souvent aussi bien en largeur qu'en hauteur, en même temps que les lettres se resserrent, puis l'écriture reprend ses dimensions et espacements de départ. On trouve ce genre d'inégalités progressives lorsque, la main étant placée sur le chant au lieu d'être légèrement basculée vers le creux, elle reste bloquée sur la feuille. Dans le cas du droitier, les doigts s'étirent alors le plus loin possible vers la gauche pour commencer à écrire et progressent vers la droite en se rapprochant du creux de la main, le mouvement des doigts perdant peu à peu de l'amplitude. La main se déplace ensuite d'un bloc vers la droite. Dans le cas du gaucher, les doigts partent du creux de la main et s'éloignent d'un mouvement qui perd peu à peu de l'amplitude.

Cette stratégie de déplacement du stylo se repère aisément à la position du stylo par rapport à l'axe de l'avant-bras : plus la main est sur le chant, plus le stylo est perpendiculaire à l'axe de l'avant-bras. Dans une position économique, le stylo suit l'axe de l'avant-bras.

L'enseignant pourra faire prendre conscience de la différence de mouvement entre ces deux positions et, par là, pourra tenter de faire prendre conscience d'une différence de confort et de qualité.

○ **Comment faire prendre conscience de la différence de confort et éventuellement de qualité entre les écritures obtenues avec la main placée sur le chant, stylo perpendiculaire à l'axe de l'avant-bras et la main un peu plus penchée vers la table, stylo dans l'axe de l'avant-bras ?**

Exercice

Matériel nécessaire. Pour chaque enfant : une feuille de papier à réglures Seyès et un stylo.

Préparation. Aucune.

Consignes.

a) Se munir d'un stylo. Placer sa main sur la feuille. La poser sur le chant. En plaçant la pointe du stylo sur la gauche de sa main si on est droitier, sur la droite si on est gaucher, tracer une série de quatre petites boucles liées en ramenant progressivement les doigts vers le creux de la main sans déplacer la main si on est droitier et en les éloignant du creux de la main si on est gaucher. Le corps du stylo doit être perpendiculaire à l'axe de l'avant-bras.

b) Sans bouger la main de place, la faire pivoter légèrement pour placer le corps du stylo en angle aigu par rapport à l'axe de l'avant-bras. Faire les mêmes boucles.

On constatera que les boucles sont plus haut sur la feuille dans l'exercice b que dans l'exercice a et que le geste est plus souple.

c) Toujours sans bouger la main de place, la faire pivoter un peu plus pour placer le corps du stylo sensiblement dans l'axe de l'avant-bras. Faire de nouveau les mêmes boucles.

On constatera que les boucles sont encore plus haut sur la feuille dans l'exercice c que dans l'exercice b et que le geste est plus souple.

d) Refaire l'ensemble de l'exercice pour sentir la différence de mouvement. Observer les différences éventuelles.

e) Commenter collectivement les productions et ce qui a été ressenti en faisant les exercices.

Aucune tension inutile n'intervenant lorsque le stylo est dans l'axe de l'avant-bras, un meilleur confort d'écriture devrait être ressenti dans l'écriture c par rapport à l'écriture a. En principe, l'écriture c devrait être plus régulière que l'écriture a (mais l'habitude d'un mode de maniement de stylo peut contrebalancer cette différence théorique).
Avec la rotation de l'avant-bras autour du coude provoquée par la fixité du coude contre le corps, celle de la main autour du poignet provoquée par la fixité du poignet sur la table, le rapprochement des doigts vers le creux de la main chez les droitiers et leur éloignement du creux de la main chez les gauchers constituent la troisième des anomalies de stratégie de déplacement de la main les plus faciles à observer en classe.

IV. Interroger les évidences

1. Les styles d'écriture

✓ *L'habitude fait percevoir la correspondance entre lettres d'imprimerie et lettres cursives manuscrites comme une évidence. Cette correspondance est-elle vraiment évidente ? Répond-elle à une logique ?*

a) Les majuscules

L'usage scolaire tend à consacrer le terme de *capitale* pour désigner des caractères d'imprimerie et celui de *majuscule* pour désigner des lettres cursives. On dit volontiers *capitale d'imprimerie* et *majuscule cursive*. Or, à y regarder de plus près, les capitales (du latin *caput*, « tête ») sont étymologiquement les lettres qui se placent en tête et les majuscules (du latin *majusculus*, « un peu plus grand ») sont étymologiquement des lettres qui sont plus grandes que les autres. Cependant, les majuscules cursives (donc lettres cursives un peu plus grandes) ont pour vocation d'être en tête et les capitales d'imprimerie (donc lettres d'imprimerie en-tête des mots) peuvent être utilisées pour écrire des mots entiers.

Certains dictionnaires disent que la *majuscule* – synonyme « *capitale* » – est une lettre plus grande que les autres et de forme différente. Au mot *capitale* – « terme d'imprimerie » –, il y est dit que c'est une majuscule. Ces dictionnaires ajoutent qu'il existe « des petites capitales de la taille des minuscules ». Ce qui est vrai si on imagine une capitale d'imprimerie, c'est-à-dire si on en voit mentalement l'image, mais qui remet en question soit l'existence de *petites capitales* soit la synonymie *capitale/majuscule*, une lettre ne pouvant être à la fois plus grande et de même taille que les autres.

Le *Dictionnaire culturel en langue française*[3], pour sa part, ne fait pas ressortir d'attribution privilégiée d'un terme ou de l'autre à l'écriture

3 *Dictionnaire culturel en langue française* sous la direction d'Alain Rey, éditions Le Robert, Paris, 2005.

d'imprimerie ou à l'écriture cursive. Les deux mots semblent donc interchangeables. Cependant l'imprimerie et l'édition opposent uniquement le mot *capitale* à l'expression *bas de casse*[4] qui désigne les lettres minuscules.

Lorsque l'enseignant dit « *écrivez en capitales* » c'est bien en capitales d'imprimerie et c'est bien l'ensemble du texte que les enfants écrivent, pas uniquement la lettre qui vient en tête (c'est donc contradictoire avec l'étymologie).

Lorsque l'enseignant dit « *n'oubliez pas les majuscules* » et lorsqu'il dit « *écrivez en majuscules* » les enfants n'hésitent pas : dans le premier cas, ils comprennent qu'il s'agit de mettre en majuscule cursive la première lettre des mots qui le demandent ; dans le second cas, ils comprennent qu'il s'agit d'écrire l'ensemble en majuscules *d'imprimerie* que l'école appelle pourtant traditionnellement *capitales*.

On sait aussi que sur les forums, « écrire en majuscules » équivaut à crier. Là aussi, alors qu'il s'agit de caractères d'imprimerie et, qui plus est, produits au clavier, c'est bien le mot *majuscule* qui est utilisé là où l'imprimerie dirait *capitale*.

L'appellation de ces lettres qui s'opposent aux minuscules n'a donc rien d'évident : elle varie en fonction du contexte. Leur usage, en revanche, reste déterminé par la grammaire quel que soit le nom qu'on leur donne : on n'écrit pas en minuscule la première lettre d'une phrase ni celle d'un nom propre, on n'introduit pas de capitale versus majuscule à l'intérieur de mots écrits en minuscules.

La suite de ce chapitre réservera le mot *majuscule* à l'écriture cursive et le mot *capitale* à l'écriture de style typographique.

L'oubli des majuscules en début de phrase et surtout en début de nom propre est fréquent. L'intrusion de majuscules à l'intérieur des mots n'est pas rare.

4 L'expression « bas de casse » vient de l'emplacement des lettres minuscules au bas du meuble (de la caisse) qui contenait les caractères d'imprimerie à l'époque de l'imprimerie au plomb.

○ Comment aider à respecter l'usage des minuscules et des majuscules ?

Aux exercices traditionnels de simple remplacement de la minuscule par une majuscule, je propose de substituer les exercices suivants qui reviennent presqu'au même avec toutefois quelques différences.

Exercice 1

Préparation. Photocopier le texte encadré et distribuer une photocopie à chaque enfant ou écrire le texte au tableau.

Consigne. Chercher les mots difficiles dans le dictionnaire. Recopier le texte en corrigeant les oublis de majuscules ou leur utilisation indue.

> assis sur une Pierre, maxime contemple le massif de Fleurs et s'invente un Bouquet pour Maman : une Rose, une Capucine, et pourquoi pas une petite Violette ? Il est tout à sa Rêverie lorsqu'il voit arriver Romain, l'air Martial, donnant des coups de pied dans toutes les Pierres de l'allée. pascal, le Benjamin de l'École lui a gagné toutes ses Billes, lui qui est d'habitude le plus fort ! sois Modeste lui dit Maxime et puis sois Clément lui dit Clément, Ne lui en veux pas. pour une fois tu as perdu !

Corrigé. *Assis sur une pierre, Maxime contemple le massif de fleurs et s'invente un bouquet pour maman : une rose, une capucine, et pourquoi pas une petite violette ? Il est tout à sa rêverie lorsqu'il voit arriver Romain, l'air martial, donnant des coups de pied dans toutes les pierres de l'allée. Pascal, le benjamin de l'école lui a gagné toutes ses billes, lui qui est d'habitude le plus fort ! Sois modeste lui dit Maxime et puis sois clément lui dit Clément, ne lui en veux pas. Pour une fois, tu as perdu !*

Exercice 2

Préparation. Photocopier le texte encadré et distribuer un exemplaire à chaque enfant ou écrire le texte au tableau.

Consigne. Chercher les mots difficiles dans le dictionnaire. Recopier le texte en corrigeant les oublis de majuscules ou leur utilisation indue.

Dans la cour de L'immeuble, germain montre à romain, son cousin germain, sa nouvelle BD : astérix et les romains. « ils sont fous ces romains » ! dit romain. « ils n'ont pas reconnu astérix habillé en romain ni obélix qui a mis, lui aussi, des habits romains ». « Que lisez-vous ? » dit clémence qui passe par là. « des histoires de romains » lui répondent germain et romain, les deux cousins germains.

Corrigé. *Dans la cour de l'immeuble, Germain montre à Romain, son cousin germain, sa nouvelle BD : Astérix et les Romains. "Ils sont fous ces Romains" ! dit Romain. «Ils n'ont pas reconnu Astérix habillé en Romain ni Obélix qui a mis, lui aussi, des habits romains ». « Que lisez-vous ? » dit Clémence qui passe par là. "Des histoires de Romains" lui répondent Germain et Romain, les deux cousins germains.*

b) La correspondance entre majuscules et minuscules

L'écolier est confronté à deux types d'écriture : l'écriture cursive pour écrire, l'écriture d'imprimerie pour lire. Chacun des deux types se divise en minuscules et majuscules. Par définition, les lettres de l'écriture cursive sont liées. Par destination, celles de l'écriture typographique sont juxtaposées ; de ce fait, leur forme est immuable puisqu'elle n'a pas à s'adapter aux lettres qui précèdent et qui suivent. La simplicité des formes des capitales s'ajoute à leur juxtaposition pour les faire percevoir comme plus simples à apprendre à écrire que l'écriture cursive. Par ailleurs, leur usage majoritaire pour les titres et les enseignes les rend familières aux enfants. Fixité, simplicité, récurrence dans le paysage urbain sont sans doute les raisons pour lesquelles depuis quelques années l'école maternelle fait écrire les enfants en capitales pour commencer. Elle enseigne ensuite l'écriture cursive. L'écriture des majuscules cursives n'intervient pour sa part qu'en CE1. Les enseignants de maternelle et de CP se trouvent donc confrontés à un paradoxe :

- leur enseignement doit se conformer aux règles grammaticales en usage, donc les noms propres et le premier mot des phrases doivent prendre une majuscule ;
- les lettres typographiques et les lettres cursives ne doivent pas être mélangées ;

- ils doivent apprendre aux enfants à écrire en capitales et en minuscules cursives.

Il est donc impossible de respecter à la fois la grammaire et les préconisations actuelles. Pour faire écrire des phrases en cursive, les enseignants de maternelle et de CP sont donc placés devant l'obligation de choisir entre plusieurs mauvaises solutions :

- ne pas faire mettre de majuscule là où la grammaire l'impose ;
- faire mettre une capitale aux noms propres ou aux premiers mots des phrases écrits en cursives, donc mélanger écriture typographique et écriture cursive ;
- faire écrire les majuscules en cursive avant même que leur enseignement soit prévu.

Des reliquats de ces choix s'observent par la suite : les majuscules des noms propres sont souvent oubliées et tout spécialement la majuscule du prénom, les majuscules sont écrites en caractères typographiques et non en écriture cursive donc non conformes aux normes (ce qui me semble une moindre gêne puisque l'adolescent abandonne peu à peu les majuscules cursives pour des formes personnalisées, plus simple, souvent proches des lettres capitales). Le dernier choix est le plus rare ; il induit des majuscules mal formées.

La correspondance entre écriture cursive et écriture typographique est actuellement enseignée dès l'école maternelle. Au cycle 3 cette correspondance doit être acquise. De même la correspondance entre minuscules et majuscules de l'écriture cursive d'une part et de l'écriture typographique d'autre part. L'habitude avec laquelle le scripteur expert jongle avec ces différentes graphies pourrait avoir tendance à présenter cet exercice comme facile. Une prise de conscience de la difficulté que représente l'apprentissage de ces correspondances ne semble donc pas inutile.

○ Comment prendre conscience de la difficulté à faire correspondre majuscules typographiques, minuscules typographiques, majuscules cursives et minuscules cursives ?

Exercice à l'usage des CM2... et des adultes

Préparation. Photocopier l'alphabet cyrillique et la phrase qui suit. En remettre un exemplaire à chaque enfant.

Consigne. Voici l'alphabet cyrillique utilisé pour écrire le russe. Chaque lettre y est présentée dans l'ordre suivant : capitale, minuscule d'imprimerie, majuscule, minuscule cursive.

А а *А а* Б б *Б б* В в *В в* Г г *Г г*
Д д *Д д* Е е *Е е* Ё ё *Ё ё* Ж ж *Ж ж*
З з *З з* И и *И и* Й й *й* К к *К к*
Л л *Л л* М м *М м* Н н *Н н* О о *О о*
П п *П п* Р р *Р р* С с *С с* Т т *Т т*
У у *У у* Ф ф *Ф ф* Х х *Х х* Ц ц *Ц ц*
Ч ч *Ч ч* Ш ш *Ш ш* Щ щ *Щ щ* Ъ ъ *ъ*
Ы ы *ы* Ь ь *ь* Э э *Э э* Ю ю *Ю ю* Я я *Я я*

a) Recopier telle quelle la phrase en russe ci-dessous.
Где дядя? ОН ТАМ, ОН ЕСТ. (Où est l'oncle ? Il est là, il mange.)
b) En utilisant le tableau ci-dessus, réécrire le texte en minuscules cursives.
c) Le réécrire en cursives en mettant les majuscules en début de phrase et à дядя .

Corrigé. a) *Где дядя? ОН ТАМ, ОН ЕСТ.*
b) *где дядя ? он там , он ест .*
c) *Где Дядя ? Он там , он ест .*

Cet exercice montre à quel point la correspondance entre l'écriture d'imprimerie et l'écriture cursive est différente pour certaines lettres russes г/*г* т/*т* . Il fait aussi percevoir que la forme des majuscules n'est pas toujours en correspondance avec ce qu'on pourrait attendre en minuscules *Д*/*д* , *Г*/*г* . L'ensemble conduit à s'interroger sur la proximité des formes des quatre écritures de notre propre alphabet. L'observation des écritures, tant françaises que russes, laisse entendre qu'il n'existe pas de logique évidente qui pourrait guider l'enfant dans son apprentissage de ces correspondances qui, donc, ne se révèlent pas si simple.

c) Écriture cursive ou écriture en attaché ?

D'aucuns disent que *écriture cursive* est une expression réservée à l'école, la famille utilisant plutôt l'expression *écriture en attaché*. La seconde expression serait plus parlante puisque les lettres y sont liées (donc attachées ?) les unes aux autres.

○ Quelles peuvent être les conséquences de cette supposée évidence ?

Interrogeons d'abord le lexique. L'adjectif *cursive* vient du latin *currere*, « courir ». L'écriture cursive a donc pour vocation de courir sur le papier, donc d'être rapide. C'est pourquoi dans l'écriture cursive on lève le stylo le moins possible. L'écriture *en attaché* suppose qu'on écrive des lettres et qu'on les attache entre elles. L'idée d'écrire *en attaché* laisse supposer que les mots soient composés de lettres toujours identiques à elles-mêmes qui seraient attachées les unes aux autres de la même façon que l'écriture script est composée de lettres juxtaposées.

Interrogeons maintenant les faits. Pour cela illustrons le propos avec des exercices.

○ Peut-on dire que des lettres attachées soient la même chose qu'une écriture cursive ?

Exercice

Préparation. Écrire la phrase encadrée ci-dessous au tableau en écriture script.

Consigne. a) Lire la phrase (1).

b) Écrire la phrase en écriture cursive mais sans lier les lettres, autrement dit écrire en cursive les lettres de la phrase sans les relier les unes aux autres.

c) Écrire la phrase ci-dessous en reproduisant exactement chaque lettre tracée dans l'exercice b et en les attachant les unes aux autres au fur et à mesure.

d) Commenter oralement collectivement.

e) Écrire la phrase normalement (2).

f) Comparer l'écriture de la phrase écrite en c à celle de la phrase écrite en e.

g) Conclure oralement collectivement.

1. U n e b e l l e l i b e l l u l e b l e u e v o l e a u - d e s s u s d e l' é t a n g.
2. Une belle libellule bleue vole au-dessus de l'étang.

Corrigé.

c) *Dans la consigne c, chaque lettre aura été écrite exactement comme la lettre isolée.*

d) Commentaire. *La phrase c a été écrite lentement puisqu'il a fallu observer et tracer chaque lettre l'une après l'autre. Ses lettres s'ajoutent les unes aux autres : les attaques et les finales ne se fondent pas, elles s'additionnent ce qui rallonge l'espace entre le corps des lettres. En respectant strictement la forme de la lettre non liée, certaines liaisons sont mal-pratiques comme le « b » et le « e » de belle et de libellule, « b » et le « l » de bleue, le « o » et le « l » de vole.*

f) Comparaison. *L'écriture e) a demandé moins de temps que l'écriture c) ; elle tient moins de place sur la ligne. Ses lettres sont moins espacées. Elle est plus fluide. Dans l'écriture e) les deux e de belle ne sont pas attaqués de la même façon, le l de vole n'est pas attaqué comme ceux de libellule alors que dans l'écriture c) les mêmes lettres sont toutes attaquées de la même façon.*

g) Conclusion. *Employer l'expression « écriture en attaché » risque d'inciter les scripteurs débutants à tracer les lettres une à une et d'empêcher de comprendre qu'elles s'aménagent pour se lier les unes aux autres au fur et à mesure de l'écriture du mot, donc d'empêcher que l'écriture soit fluide.*

2. Les points et les barres

✓ *Un certain nombre de signes extérieurs viennent s'ajouter au corps des lettres pour les compléter : point sur le « i » ou le « j », barre du « t », accents, etc. Puisque ce sont tous des ajouts, il pourrait sembler évident qu'ils soient tous de même nature. Est-ce le cas ?*

a) L'ensemble des signes extérieurs au corps de la lettre

Les points sur les « *i* » et les barres de « *t* » ainsi qu'un certain nombre d'autres signes sont extérieurs au corps de la lettre à laquelle ils se rapportent.

○ **Quels sont les signes extérieurs au corps des lettres ?**

Exercice

Préparation. Aucune.

Consigne. Écrire le nom de tous les signes qui s'ajoutent au corps des lettres. Donner un exemple dans un mot en soulignant la lettre concernée.

Corrigé. *Point sur le « i » ou le « j », exemples : « si », « je ». Barre de « t », exemple : « tu ». Accent grave, exemple : « à ». Accent aigu, exemple : « dé ». Accent circonflexe, exemple : « tête ». Cédille, exemple : « maçon ». Tréma, exemple : « Noël ».*

○ Tous les signes extérieurs au corps de la lettre ont-ils le même statut ?

Parmi ces signes, certains sont présents dans l'alphabet, d'autres s'ajoutent ou non à la lettre selon les mots.

Exercice

Préparation. Faire l'exercice précédent.

Consigne. a) Dresser la liste des signes qui doivent obligatoirement être écrits avec la lettre quel que soit le mot.
b) Dresser la liste des signes qui sont ou non présents sur la lettre selon les mots.

Corrigé. a) Le point sur le « *i* » ou le « *j* » et la barre de « *t* ».
b) L'accent grave, l'accent aigu, l'accent circonflexe, la cédille, le tréma.
Bien qu'ils soient extérieurs au corps de la lettre, le point sur le « *i* » ou sur le « *j* » et la barre de « *t* » font donc partie intégrante de la lettre. En conséquence, ils n'ont pas de valeur propre. Les autres signes sont ou non présents sur une lettre selon les mots. S'ils peuvent être présents sans être facultatifs, c'est qu'ils apportent quelque chose à la lettre concernée. Ils ont donc une valeur propre (cf. « *Les signes diacritiques* », p. 96 et suiv.).

b) Les points sur les « *i* » et les barres de « *t* »

L'exercice ci-dessus montre que deux signes extérieurs au corps de la lettre ne peuvent pas être omis dans notre alphabet sans la dénaturer : le point et la barre. Le point existe sur les lettres « *i* » et « *j* »; la barre existe sur la lettre « *t* ». On peut penser que, s'ils sont omis, la lecture de la lettre demande un effort car elle est incomplète, mais que la lettre peut se lire car son corps est composé de traits pertinents. En effet, les composantes de la lettre, dans leur agencement, ne s'appliquent qu'à cette lettre et, de ce fait, lui donnent son identité : petite étrécie pour le *i*, grande étrécie pour le *t*, attaque de grande boucle et jambage bouclé pour le « *j* ».

○ L'absence de barre de « *t* » et de point sur les « *i* » est-elle gênante ?

Exercice 1

L'absence de barre de « *t* » et de point sur les « *i* » est-elle gênante ?

Préparation. Copier le texte encadré en écriture cursive en omettant les points sur les i et les barres de t. Faire une photocopie par enfant.

Consigne. a) Lire le texte. Ajouter les points sur les *i* et les barres de *t*.
b) Réfléchir à la double question : *L'absence de barre de « t » et de point sur les « i » est-elle gênante ? Pourquoi ?*

Un bruit au milieu de la nuit ! Guillaume sursaute dans son lit. Un cambrioleur ? Non, c'est un tout petit chat gris qui s'était introduit dans la chambre et qui s'enfuit par la fenêtre.

Exercice 2

Préparation. Copier le texte encadré en écriture cursive en omettant les points sur les « *i* » et les barres de « *t* ». Faire une photocopie par enfant.

Consignes.

a) Lire le texte. Ajouter les barres de « *t* » et les points sur les « *i* ».

b) Réfléchir à la double question : l'absence de barre de « *t* » et de point sur les « *i* » est-elle gênante ? Pourquoi ?

Le bruit répétitif de la minuterie a endormi la cuisinière. Le biscuit est trop cuit ! « Que faire maintenant ?» se dit-elle. Après avoir bien réfléchi, elle fait un jus de fruit, y trempe le biscuit trop cuit puis elle en remplit des verrines. Elle le nappe de crème puis le met au réfrigérateur. Après tout, c'est bien qu'il soit trop cuit, ce biscuit !

Corrigé de la question b) des exercices 1 et 2. *La gêne occasionnée par l'absence des barres de « t » et des points sur les « i » est variable. Elle l'est surtout lorsque les lettres « i » et « t » se suivent dans un sens ou dans l'autre et/ou suivent ou précèdent la lettre « u ». Elle l'est moins dans le cas contraire. Le corps des lettres « i », « u » et « t » est composé uniquement d'une étrécie. Ce qui les différencie, c'est le redoublement de l'étrécie pour la lettre « u », la présence du point pour la lettre « i » et la barre pour le « t » à laquelle s'ajoute aussi une plus grande dimension. Si ces lettres se suivent, il est donc difficile de les identifier puisqu'elles ont la même forme et tout particulièrement d'identifier « i » et « u ».*
En conséquence, l'absence de « i » et de barre de « t » pose peu de problèmes d'identification de la lettre sauf lorsque plusieurs étrécies se suivent.

c) Les points sur les « *j* »

La lettre « *j* » se compose d'une attaque de grande boucle et d'un jambage bouclé. Elle n'a donc pas la même composition que « *i* », « *u* » et « *t* ». Toutefois, la question de l'absence du point sur les « *j* » se pose également. Elle complètera celle de l'absence du point sur les « *i* ».

○ L'absence de point sur les « *j* » et les « *i* » est-elle gênante ?

Exercice 1

Préparation. Copier le texte encadré en écriture cursive en omettant les points sur les « *j* ». Faire une photocopie par enfant. Au besoin commenter la forme du « *y* ».

NB. Certains modèles calligraphiques commencent les « *y* » en pont étroit alors que cette forme est mal pratique à tracer, souvent inesthétique et abandonnée dans les écritures courantes au bénéfice d'un début en petite étrécie. C'est d'ailleurs vers cette forme en petite étrécie que conduit l'observation du système d'écriture (*cf. 2e partie – « Montrer comment ça fonctionne »*). C'est cette forme-là, celle du « *y* » de l'écriture courante qui devra être utilisée dans cet exercice.

Consigne. a) Lire le texte. Ajouter les points sur les « *j* ».
b) Réfléchir à la double question : *L'absence de point sur les j est-elle gênante ? Pourquoi ?*

> Kathlyn lance son stylo sur la table. « J'en ai assez des adjectifs, des sujets et des compléments d'objet, je vais jouer dans le jardin ! »

Corrigé de la question b. *Le dernier jambage « y » du prénom « Katlyn » ne pouvait pas être pris pour un « j » car le tracé qui précède est une étrécie sans point donc ce n'est pas un « i » (puisque seuls manquent les points sur les « j »). C'est la même chose pour le « y » de « stylo » ; s'y ajoute, dans ce cas, l'absence de signification du mot « stijlo ». Dans cet exercice, l'absence de point sur les « j » n'est pas gênante, toutes les autres lettres sont identifiables sans difficulté.*

Exercice 2

Préparation. Même exercice que l'exercice 1 mais en omettant à la fois les points sur les « *i* » et les points sur les « *j* ».

Consigne. a) Lire le texte. Ajouter les points sur les « *i* » et les « *j* ».

b) Qu'est-ce qui change par rapport à l'exercice 1 ?

Corrigé. *L'absence de point sur les « i » apporte une ambigüité sur les mots « Kathlyn », « stylo » et « sujet » car l'étrécie qui précède le jambage peut y être soit prise pour un « i », soit prise pour la première partie d'un « y », ce qui donne en cas d'erreur : « Kathlijn », « stijlo » et « siyet ». Le sens permet de compenser l'absence des points pour lire les noms communs. En ce qui concerne le nom propre, c'est soit l'évaluation de la probabilité soit l'interrogation d'un sachant, c'est-à-dire de la personne qui sait comment s'écrit et se lit ce nom, qui tranchera.*

Exercice 3

Préparation. Copier le texte encadré en écriture cursive en omettant les points sur les *i* et les *j*. Faire une photocopie par enfant.

Consigne. a) Lire le texte. Ajouter les points sur les « *j* ».
b) Réfléchir à la double question : *L'absence de point sur les « j » est-elle gênante ? Pourquoi ?*

> Lyse dessine. Elle n'est toujours pas très habile à manier le crayon. Elle va dessiner une fée couverte de bijoux. « Bonjour », dit Anthony, en lui faisant une bise joyeuse sur la joue. « A quoi joues-tu ? Qu'est-ce que tu mijotes ? ». « Attends, dit Lyse, je finis » puis elle tend son dessin à Anthony. « C'est très joli. Qu'est-ce que c'est ? » demande-t-il. « C'est une fée » dit Lyse. « Ah, c'est une fée unijambiste en minijupe ! » s'exclame Anthony.

Corrigé de la question b). *L'absence de point sur les « j » est gênante lorsque la lettre suit un « i » lui-même dépourvu de point. En effet, le groupe « i j » peut alors être confondu avec la lettre « y ». Il faut alors se référer à la signification du mot pour décider s'il s'agit de deux lettres ou d'une seule et ajouter un point sur les deux formes dans le premier cas.*
En conséquence, l'absence de point sur le « j » soit ne pose pas de problème dans le cas général, soit pose un problème d'identification de la lettre elle-même lorsqu'elle suit un « i » sans point ou un « u ».
L'absence de points sur les « *i* » et les « *j* » et sur les barres de « *t* » est compensée à la lecture avec plus ou moins d'effort. Plus quand plusieurs étrécies se suivent ou en présence de « *y* » ou des groupes de lettres « *ij* » ou « *uj* ». Moins quand ces lettres sont isolées. Les erreurs d'interprétation déboucheraient sur des mots dépourvus de sens.

3. Les signes diacritiques

✓ *Puisque ce n'est pas toujours gênant d'oublier les points ou les barres de « t », ce ne devrait pas toujours être gênant non plus d'oublier des signes diacritiques. Est-ce une fausse évidence ?*

Les points sur les « *i* » et les « *j* » ainsi que les barres de « *t* » font partie intégrante de la lettre. Les autres signes extérieurs au corps de la lettre n'en font pas partie. Ils ont une valeur fonctionnelle : on les appelle signes diacritiques.

a) Comparaison de « *i* », « *ï* », « *é* », « *è* », « *ê* »

« N'oublie pas les points et les accents ! ». Cette injonction semble mêler dans un même concept ces deux sortes de signes rattachés aux lettres mais qui sont extérieurs au corps des lettres lui-même. Cette expression banalise leur présence donc estompe la valeur propre de l'accent en incitant l'enfant à considérer que l'accent est analogue au point sur le « *i* ». Or, si « *i* » existe tel quel dans l'alphabet, « *é* », « *ê* », « *è* » n'y existent que sous la forme « *e* » et l'on entend bien que l'accent apposé sur le « *e* » en modifie la lecture. En revanche, « *ï* » n'existe pas dans l'alphabet mais il est impossible de le lire seul autrement que « *i* », sauf en épelant « *i tréma* » : il doit être placé dans un mot pour que s'entende la différence. De même que le tréma sur le « *e* » de « Noël » sépare la prononciation du « *ë* » de celle du « *o* », le tréma sur le « *i* » isole la prononciation du « *i* » de celle de la lettre qui suit (exemple : « *maïs* »).

○ **Comment montrer aux enfants qu'il importe de ne pas remplacer un tréma sur un *i* par un simple point ?**

Exercice 1

Préparation. Photocopier le texte encadré. En remettre un exemplaire à chaque élève.

Consignes.

CE2 – Ajouter les trémas si nécessaire. Vérifier au besoin dans le dictionnaire.

CM1 et CM2 – Recopier le texte en ajoutant les trémas si nécessaire. Vérifier au besoin dans le dictionnaire.

Aie aie aie ! Brice se réveille avec une douleur aigue à l'oreille. Oh, mes aieux, quelle douleur ! Brice ne fait plus le caid. Il se verse un bol de lait et de flocons de mais et dit à maman d'un air naif : « je crois que je ne vais pas pouvoir aller à l'école aujourd'hui ».

Corrigé. *Aïe aïe aïe ! Brice se réveille avec une douleur aigüe à l'oreille. Oh, mes aïeux, quelle douleur ! Brice ne fait plus le caïd. Il se verse un bol de lait et de flocons de maïs et dit à maman d'un air naïf : « je crois que je ne vais pas pouvoir aller à l'école aujourd'hui ».*

Exercice 2

Préparation. Photocopier la liste de mots encadrée. En remettre un exemplaire à chaque élève.

Consignes.

CE2 – Ajouter les trémas si nécessaire. Vérifier au besoin dans le dictionnaire.

CM1 et CM2 – Recopier les mots en ajoutant les trémas si nécessaire. Vérifier au besoin dans le dictionnaire.

Maizena, paien, glaise, laius, baie, aigre, bonsai, aioli, graine, camaieu, marais, glaieul, molaire, capitaine, aide, faience, caiman, faible, distrait, danaide.

Corrigé. *Maïzena, païen, glaise, laïus, baie, aigre, bonsaï, aïoli, graine, camaïeu, marais, glaïeul, molaire, capitaine, aide, faïence, caïman, faible, distrait, danaïde.*

b) Rôle des signes diacritiques

○ **Les accents sur le « *e* » changent le son de la lettre. Est-ce le cas de tous les signes diacritiques ?**

Exercice • *À faire collectivement.*

Préparation. Aucune

Consignes. a) Faire la liste des lettres susceptibles de comporter un signe diacritique. Rechercher un mot comportant ces lettres sans ce signe et un mot comportant ces lettres avec ce signe. Comparer les mots. Classer les signes. Dire à quoi ils servent. (Ne pas prendre en compte les accents liés à la conjugaison des verbes.)

b) Faire des phrases comportant chacune au moins un mot portant un signe diacritique.

NB. Cet exercice n'a pas vocation à se substituer à un exercice de grammaire, il ne tient donc pas compte des accents circonflexes destinés à différencier l'imparfait du subjonctif du passé simple ou à distinguer les pronoms possessifs des adjectifs possessifs.

Corrigé. *Cet exercice met en avant différents types de signes :*
- ceux qui changent le son de la lettre : les accents sur les « e », les trémas et les cédilles (exemples : blé, maïs, ça) ;
- ceux qui ne changent pas le son de la lettre mais qui changent le sens des mots : les accents sur les « o », les « a » et les « u ». Ils sont utilisés pour distinguer les homographes (exemples : côte/cote, là/la, où/ou, sûr/sur, mûr/mur, dû/du, jeûne/jeune, mâtin/matin, tâche/tache, pâle/pale) ;
- ceux qui changent le son de la lettre ***et*** *qui changent le sens du mot : les accents graves et les accents circonflexes sur les « e » dans des mots qui se prononcent de la même façon : tête/tète, pêché/péché.*

○ Comment faire percevoir la nécessité de ne pas oublier les signes diacritiques ?

Exercice 2

Préparation. Photocopier le texte encadré. En remettre un exemplaire à chaque élève.

Consigne. Recopier le texte en plaçant les signes diacritiques. Vérifier dans le dictionnaire si nécessaire. Souligner d'un trait les signes qui changent le son et de deux traits ceux qui changent le sens.

- J'ai vu quelqu'un roder autour de ma voiture. Je le soupconne de vouloir me la voler.
- Quelle importance ! Elle est rodee depuis longtemps ta voiture. Je suis sur qu'elle n'est meme plus cotee à l'Argus.
- Mais je ne concois pas de ne plus l'avoir, ma voiture ! Elle est irremplacable ! Je vais tacher de la garer juste a cote de chez moi pour le cas ou il reviendrait.

Corrigé.
- J'ai vu quelqu'un rôder autour de ma voiture. Je le soupçonne de vouloir me la voler.
- Quelle importance ! Elle est rodée depuis longtemps ta voiture. Je suis sûr qu'elle n'est même plus cotée à l'Argus.
- Mais je ne conçois pas de ne plus l'avoir, ma voiture. Elle est irremplaçable ! Je vais tâcher de la garer juste à côté (ou côté) de chez moi pour le cas où il reviendrait.

4. Les lettres rondes

✓ *Tout le monde n'attaque pas les lettres rondes au même endroit. Certains modèles montrent un petit trait d'attaque devant le rond. Comme les pratiques divergent, il peut sembler évident que toutes les options se valent. Est-ce le cas ?*

a) Où attaquer les lettres rondes ?

Pour qu'une lettre ronde soit tracée avec le moins d'arrêts possible, elle doit commencer en haut à droite de façon à faire coïncider la fermeture du rond avec l'attaque de l'autre forme qui compose la lettre. Elle est alors formée d'un seul tracé.

○ **Comment faire prendre conscience de l'intérêt de commencer les lettres rondes en haut à droite ?**

Exercice

Préparation. Aucune.

Consigne. Rechercher collectivement toutes les lettres rondes. Décrire collectivement leur formation. Les écrire au fur et à mesure selon la formation décrite. Avant de passer à la lettre suivante réécrire immédiatement la lettre en l'attaquant à gauche puis l'écrire de suite une troisième fois correctement afin de pouvoir comparer le geste fait en l'attaquant correctement et en l'attaquant mal.

Corrigé. *Les lettres rondes sont c, o, a, d, q, g.*
Formation des lettres rondes

c : rond ouvert sur la droite, impossible de l'attaquer à gauche ;

o : rond fermé suivi, à son point de fermeture, d'une attaque de grande boucle ;

a : rond fermé par une petite étrécie ;

d : rond fermé par une grande étrécie ;

q : rond fermé suivi, à son point de fermeture, d'un jambage bâtonné ;

g : rond fermé suivi, à son point de fermeture, d'un jambage bouclé.

Les attaquer en haut à droite permet de les tracer d'un seul trait donc de les écrire plus vite et de ne pas faire de raccord malgracieux.

b) Trait d'attaque et trait de liaison

Selon les modèles, les lettres rondes sont ou non précédées d'un petit trait. Certains y voient une sorte d'élan donné à la lettre, d'autres disent qu'il s agit de « la petite main » qui « sert à relier » la lettre à celle qui précède à l'intérieur des mots.

✓ *Le trait devant le rond donne-t-il de l'élan pour écrire la lettre ?*

Prendre de l'élan implique un geste continu. Or le tracé du trait d'attaque s'arrête devant le rond. Le geste est repris de l'autre côté du rond. Il ne peut donc s'agir d'une prise d'élan que si le rond est attaqué exactement dans le prolongement du tracé. C'est rare dans les écritures d'enfant ; c'est rare également dans les modèles. Tant que l'enfant n'a pas une parfaite maîtrise du geste graphique, ce trait suivi d'un arrêt ralentit la vitesse d'écriture, donc va à l'encontre de l'efficacité recherchée.

✓ *Le trait devant le rond est-il une petite main qui sert à relier les lettres ?*

Il n'existe aucune raison pour que, en début de mot, une lettre commence par un trait qui la relierait à une précédente lettre qui serait alors virtuelle puisque dans la réalité elle n'existe pas.

Il n'y a donc pas lieu de tracer un trait devant les lettres rondes. Il arrive d'ailleurs que certains enfants qui ont appris à former ces lettres ainsi fassent apparaître ce « trait de liaison » à l'intérieur des mots. Par exemple, pour écrire « *la* », l'enfant écrit le « *l* », lève le crayon puis écrit le « *a* » en le faisant précéder d'un trait d'attaque, ce qui donne : une grande boucle, un arrêt, un trait, un rond fermé par une petite étrécie. Cela présente le double inconvénient d'être inesthétique et de ralentir l'écriture.

En conséquence, je propose que les lettres rondes soient tracées sans trait d'attaque comme il ressort de l'analyse du système d'écriture des minuscules cursives[5].

---

5 « Le système d'écriture des minuscules cursives latines en usage dans les écoles françaises », Thèse de doctorat de sciences du langage, Danièle Dumont.

○ Comment faire perdre l'habitude de mettre ces traits devant les lettres rondes

C'est par l'exercice et la répétition qu'on fixe les habitudes graphiques. Ici encore, il s'agira donc d'entrainement.

Exercice 1

Préparation. Photocopier le texte encadré et en remettre un exemplaire à chaque élève ou recopier le texte au tableau.

Facultatif. Lire ou faire étudier préalablement la fable de La Fontaine « Le Corbeau et le Renard ».

Consigne. Recopier sans mettre un trait devant les lettres rondes. Dès que l'on commence à tracer un trait inutile s'arrêter et recommencer. Recommencer autant de fois que nécessaire pour que le mot soit dépourvu de ce trait d'attaque.

> Perché au sommet d'un grand arbre, Maître Corbeau croassait d'aise : il s'apprêtait à déguster un fromage qu'il avait trouvé au matin. Maître Renard, alléché par cette bonne odeur cherchait comment s'en emparer.
> – On dit, Maître, dit le Renard, que vous chantez mieux qu'un canari. Si votre chant est comme votre plumage, alors vous êtes le champion des occupants de tous ces champs. Le corbeau croasse de joie et veut montrer sa belle voix, oubliant qu'il tient le fromage dans son bec. Le Renard l'attrape au vol et dit à l'oiseau : « apprenez que tout flatteur vit aux dépens de celui qui l'écoute ; cette leçon vaut un fromage, sans doute ». Le corbeau confus, et honteux aussi, se dit qu'on ne l'y prendrait plus.
>
> D'après « Le Corbeau et le Renard » de Jean de la Fontaine

Exercice 2

Préparation. Photocopier le texte encadré et en remettre un exemplaire à chaque élève ou recopier le texte au tableau.

Facultatif. Lire ou faire étudier préalablement la fable de La Fontaine « La Cigale et la Fourmi ».

Consigne. Recopier sans mettre un trait devant les lettres rondes. Dès que l'on commence à tracer un trait inutile, s'arrêter et recommencer. Recommencer autant de fois que nécessaire pour que le mot soit dépourvu de ce trait d'attaque.

> La Cigale a chanté tout l'été. L'hiver arrive, elle est dépourvue de tout. Elle court chez sa voisine crier famine : me donneriez-vous un peu de grain en attendant le printemps ? N'ayez crainte, je vous les rembourserai quand viendra l'été. La Fourmi, cette voisine toujours affairée, a un gros défaut : elle n'aime pas prêter.
> - Que faisiez-vous aux temps chaud, dit-elle à cette emprunteuse.
> - Je chantais, de ci, de là, au gré de ma fantaisie.
> - Vous chantiez, j'en suis bien aise, eh bien dansez maintenant !
>
> D'après « La Cigale et la Fourmi » de Jean de la Fontaine

5. La lettre comme un tout autonome

✓ *L'écriture de lignes de lettres semble mettre en évidence que les lettres ont un point de départ et qu'elles s'écrivent complètement avant de passer à la suivante. Qu'en dit la pratique de l'écriture de mots ?*

a) Les lignes de lettres

✓ *Quel est l'intérêt de faire écrire des lignes de lettres ?*

L'objectif de l'écriture de lignes de lettres est de faire former correctement chaque lettre prise individuellement. L'objectif de l'écriture est de transmettre du sens. L'écriture de lettres isolées et de textes (y compris si ces textes se limitent à un seul mot) ne répondent donc pas au même objectif. Les éventuelles lignes de lettres devraient donc être limitées au strict nécessaire pour s'assurer que l'enfant ait bien saisi la forme des lettres et lui faire rectifier au besoin, en lui expliquant préalablement. Il importe que, dans l'esprit de l'enfant, écrire ne devienne pas synonyme de tracer des lettres.

b) Le point d'attaque

✓ *Pour faire écrire des lignes de lettres, il est d'usage de placer des points le long de la ligne pour marquer le début des lettres. Est-ce nécessaire ?*

La forme des lettres se définissant par le mode de progression du tracé vers la droite, le degré d'arrondi et le lieu d'attaque, il n'y a pas lieu de mettre un point pour signaler l'attaque puisque celle-ci fait partie de la définition.

Par ailleurs, les aménagements liés à l'environnement graphique sont absents des lettres isolées.

En conséquence, un point placé sur la ligne pour en marquer l'attaque concerne une lettre théorique mais ne correspond pas forcément à la lettre dans le mot. Ainsi faire faire une ligne de n attaqués sur un point prédéfini marqué sur la ligne et lui faire succéder pour mise en application le mot « non » a quelque chose de paradoxal : après la lettre « *o* », le « *n* » ne peut pas être attaqué sur la ligne, donc ne peut pas être attaqué comme l'exige le point marqué sur la ligne de « *n* ».

Ce point risque de figer le geste, l'enfant pouvant le percevoir comme un passage obligé du tracé. C'est ainsi que l'on trouve, avant des « *m* » ou des « *n* », des « *o* » qui ressemblent à des « *a* » car l'enfant a fait redescendre le tracé pour commencer le m ou le n sur la ligne.

La recherche a montré que ce qui définit le départ théorique de la lettre n'est pas le point précis où elle commence mais le lieu d'où elle vient[6]. La boucle et l'étrécie viennent d'en bas à gauche, le rond vient de la droite, le pont vient également d'en bas à gauche, le pont refermé vient de la gauche et le jambage vient d'en haut. Sauf en début de mot, le point précis n'est pas toujours perceptible. Obliger l'enfant à écrire des lettres en commençant par un point figé l'oblige parfois à faire un détour par ce point, alors que le tracé sans se référer au point aurait été plus direct.

6 *Cf.* page 61.

○ Comment faire prendre conscience que l'emplacement de l'attaque d'une lettre n'est pas immuable ?

Exercice 1

Préparation. Copier au tableau le texte encadré.

Consigne. Écrire le texte en sautant une ligne. Sur la ligne intermédiaire, recopier chaque lettre *m* et *n* en l'écrivant exactement comme elle l'a été dans le texte. Les comparer.

Mamie amène moi au cinéma voir le film d'animation. Je te promets que je serai bien sage.

Corrigé.
Dans les mots Mamie, amène, cinéma, film, bien, on ne peut pas dire exactement où commence le « m » et/ou le « n ». En revanche, il ne commence pas exactement sur la ligne sinon la finale de la lettre qui précède est coupée. Il ne commence pas non plus tout en haut de l'interligne sinon la finale est trop longue. C'est la même chose pour le premier « n » et le « m » de animation. Dans le mot moi, on peut le faire commencer sur la ligne mais ce n'est pas une obligation.
Le deuxième « n » de animation et le « m » de « promets » commencent dans la partie supérieure de l'interligne à cause de la forme du « o ».

Exercice 2

Préparation. Lire ou expliquer l'histoire de *Thésée et le Minotaure*. Photocopier le texte encadré, en remettre un exemplaire à chaque enfant, ou copier le texte au tableau. Faire lire le texte. Préparer l'exercice oralement.

Consigne.
Recopier le texte figurant dans l'encadré en veillant aux attaques des « *m* » et des « *n* » et de toute lettre qui suit un « *o* », un « *b* » ou un « *v* ». Une fois le texte écrit :
- souligner d'un trait bleu chaque « *m* » et « *n* » et s'assurer qu'il est écrit correctement ;
- souligner de deux traits noirs chaque lettre qui suit un « *o* », un « *b* » ou un « *v* » et s'assurer qu'elle est correctement écrite.

Réécrire les mots dans lesquels l'attaque ou la finale des lettres aurait été altérée par un retour à un point d'attaque théorique sur la ligne.

Le Minotaure, monstre mi-homme mi-taureau vivait au fond d'un labyrinthe construit par Dédale. Le labyrinthe était si bien pensé qu'une fois à l'intérieur, personne ne pouvait en sortir. Tous les neuf ans le monstre dévorait sept jeunes filles et sept jeunes garçons qu'on faisait venir d'Athènes à la demande de Minos, roi de Crète. Thésée, fils du roi Egée, décida d'entrer dans le labyrinthe pour tuer le monstre. L'une des filles de Minos, Ariane, tomba amoureuse de Thésée. Elle lui remit un fil pour qu'il puisse l'attacher à la porte, le dérouler jusqu'au monstre et le suivre pour sortir une fois avoir tué le monstre. Ainsi, grâce au fil d'Ariane, Thésée pu retrouver la sortie.

D'après *Les Métamorphoses* d'Ovide, livre 8.

b) Mettre les points, les barres et les signes diacritiques

✓ Techniquement vaut-il mieux s'arrêter pour placer un point, une barre ou un signe diacritique dès l'écriture du corps de la lettre ou vaut-il mieux attendre la fin du mot ?

✓ Doit-on différencier le positionnement du point sur le « i » ou le « j » et de la barre du « t » de celui des signes diacritiques ?

Tout arrêt nécessite un temps de freinage. Tout démarrage nécessite un temps d'accélération. Donc tout arrêt ralentit théoriquement la vitesse moyenne de l'ensemble du parcours. En conséquence, en se plaçant exclusivement sur le plan de la technique graphique en termes de vitesse, il est préférable de placer les points, les barres et les signes diacritiques une fois le mot écrit en entier.

Par ailleurs, tout arrêt nécessite une reprise. Celle-ci se voit ou ne se voit pas selon l'habileté du scripteur. La soudure occasionnée par la reprise du geste est plus facile à ajuster lorsqu'on ralentit le geste. Lorsqu'elle est mal ajustée, la soudure est inesthétique. Pour cette raison-là aussi il est préférable de placer les points, les barres et les signes diacritiques une fois le mot écrit en entier.

Un arrêt du tracé étant obligatoire pour commencer une lettre ronde, on peut aussi profiter de cet arrêt pour placer les points, barres et signes diacritiques.

- **Comment se rendre compte que l'écriture de ces signes au fur et à mesure de l'écriture de la lettre ralentit le geste ? Comment se rendre compte que ces arrêts dans une écriture rapide créent des soudures inesthétiques [7] ?**

Exercice

Préparation. Aucune.

Consigne. Écrire à sa vitesse habituelle d'écriture « *lilililili* » en s'arrêtant après chaque « *i* » pour placer le point. Réécrire la même chose sans accélérer son geste mais en liant toutes les lettres et en plaçant les points une fois l'écriture finie. Refaire les deux exercices en écrivant vite. Refaire les deux exercices en écrivant lentement.
Comparer collectivement les résultats obtenus en termes de vitesse et en termes de qualité d'écriture en observant les soudures.

Corrigé. *On écrit plus vite lorsqu'on place des points une fois écrit le groupe du corps des lettres. Si on écrit vite, on peut avoir du mal à ajuster les « l » aux « i » qui précèdent lorsqu'on s'est arrêté pour placer le point.*

✓ *Doit-on différencier le positionnement du point sur le « i » ou le « j » et de la barre du « t » de celui des signes diacritiques ?*

L'écriture n'a de raison d'être que par sa relation au sens qu'elle véhicule. L'écriture faisant système, les formes constitutives du corps des lettres « *i* », « *t* » et « *j* » sont des traits ou assemblages de traits pertinents : « *i* », et « *i* » seul, est constitué uniquement d'une petite étrécie ; « *t* », et « *t* » seul, est constitué uniquement d'une grande étrécie ; « *j* », et « *j* » seul, est constitué d'une attaque de grande boucle et d'un jambage bouclé. Donc, en traçant le corps de ces lettres, on les désigne déjà comme telles. Elles supportent donc de ne recevoir le point ou la barre qu'après coup, c'est-à-dire une fois le mot écrit en entier ou au moment de l'arrêt pour écrire une lettre ronde.

En ce qui concerne les signes diacritiques, une lecture mentale du mot se faisant au fil de l'écrit, ils devraient théoriquement être placés au fur et à mesure puisqu'ils affectent le sens ou la prononciation du mot. Toutefois ne les placer qu'une fois le mot écrit en entier n'empêche

7 Chez les scripteurs experts, l'habitude d'écrire permet des ajustements plus discrets.

pas d'évoquer mentalement le sens qui convient ou la bonne prononciation et offre l'avantage de faire revisiter le mot pour les placer, ce qui en fait vérifier l'orthographe et par là aide à l'acquisition de l'orthographe.

Qu'il s'agisse des points sur les « i » et les « j », des barres de « t » ou des signes diacritiques, on gagne donc à placer après-coup tous ces signes qui ne sont pas liés au corps de la lettre : on y gagne en évitement de raccords disgracieux et en consolidation de l'orthographe.

Éventuellement on peut les placer lors de l'écriture des lettres rondes en début de syllabes, donc lorsqu'on s'arrête pour écrire « *c* », « *d* », « *q* » et « *g* ».

○ Comment aider à placer ces signes au bon moment ?

Exercice 1

Préparation. Photocopier le texte encadré et en remettre un exemplaire à chaque enfant ou l'écrire au tableau. Le faire lire. Expliquer ou faire rechercher les mots ou expressions difficiles dans le dictionnaire si nécessaire. Expliquer le positionnement des points, barres et signes diacritiques. Préparer l'exercice collectivement oralement.

Facultatif. Lire ou faire étudier préalablement la fable de La Fontaine « Le Lièvre et la Tortue ».

Consigne. Recopier en veillant à ne s'arrêter dans les mots que pour l'écriture des lettres rondes et en veillant à ne placer les points, barres et signes diacritiques qu'arrivé en fin de mot ou lors de l'écriture d'une consonne ronde. Réécrire le mot si l'un de ces signes a été placé au mauvais moment.

> Par un après-midi ensoleillé une tortue se promenait. Un lièvre vint à passer. Il bondissait de ça de là et s'agitait à qui mieux mieux. « Holà, dit la tortue, parions que je serai arrivée avant toi à la rivière qu'on voit là-bas ». « Pari tenu », répondit le lièvre et il s'assit dans le chemin. Enfin il se leva et se mit à faire des bonds et à batifoler en faisant un détour pour cueillir des framboises tant il était sûr d'arriver le premier de toutes façons. Mais soudain ne voit-il pas que là-bas la tortue arrive au but ! Il bondit. Trop tard ! Rien ne sert de courir, il faut partir à point.
>
> D'après « Le Lièvre et la Tortue » de Jean de La Fontaine.

Exercice 2

Préparation. Photocopier le texte encadré et en remettre un exemplaire à chaque enfant ou l'écrire au tableau. Le faire lire. Expliquer ou faire rechercher les mots ou expressions difficiles dans le dictionnaire si nécessaire. Expliquer le positionnement des points, barres et signes diacritiques. Préparer l'exercice collectivement oralement.

Facultatif. Lire ou faire étudier préalablement la fable de La Fontaine « La Laitière et le Pot au lait ».

Consigne. Recopier en veillant à ne s'arrêter dans les mots que pour l'écriture des lettres rondes et en veillant à ne placer les points, barres et signes diacritiques qu'arrivé en fin de mot ou lors de l'écriture d'une consonne ronde. Réécrire le mot si l'un de ces signes a été placé au mauvais moment.

> Cheminant vers la ville, Perrette rêvait. Légère et court vêtue, elle portait sur sa tête un pot de lait dont elle comptait tirer bon prix. Elle se voyait déjà de retour au village avec des douzaines d'œufs qu'elle mettrait à couver. La vente des poussins lui rapporterait bien de quoi élever un porc dont la vente à son tour l'aiderait à acheter une vache et son veau qu'elle voyait déjà au milieu du troupeau. Elle saute de joie. Et voilà aussitôt tout le lait répandu ; plus de couvée, plus de poussins, des rêves il ne reste plus rien.

D'après « La Laitière et le Pot au lait » de Jean de La Fontaine.

V. Laisser le choix

1. Les ronds

Le rond est l'une des deux formes dérivées de la boucle. Par définition, le rond a une forme arrondie et s'attaque à droite. Contrairement aux apparences, dire que le rond a une forme arrondie ne relève pas du pléonasme. En effet, si on le compare avec le mot *boucle* qui désigne également une forme arrondie, cela laisse percevoir que le rond peut ne pas être exactement un cercle.

✓ Y a-t-il une marge de manœuvre dans la formation du rond ?

a) Point d'attaque des ronds des lettres « *a* », « *d* », « *q* », « *g* »

Les ronds des lettres *a* et *d* sont fermés par une étrécie. Pour qu'ils soient réellement fermés, le déplacement du point d'attaque du rond des lettres *a* et *d* supporte très peu de variation (sinon soit le rond reste ouvert, soit l'étrécie est courbée vers la gauche).

À la fermeture du rond, les lettres « *q* » et « *g* » se poursuivent par un tracé descendant. La marge de manœuvre pour faire varier l'attaque du rond des lettres *q* et *g* est pratiquement inexistante.

Les lettres « *a* », « *d* », « *q* » et « *g* » se collent à la fin de la lettre qui précède. Leur enchaînement à la lettre qui suit n'affecte pas la formation du rond puisque ce n'est pas lui qui termine la lettre.

b) Point d'attaque du rond de la lettre *o* et liaison entre *o* et une lettre attaquée par une grande boucle ou une étrécie (« *l* », « *b* », « *f* », « *h* », « *k* », « *i* », « *u* », « *t* », « *y* »)

Après la fermeture du rond, la lettre « *o* » se poursuit par une attaque de grande boucle dont l'orientation varie en fonction de la lettre qui suit et suscite une possibilité de déplacement du point d'attaque du rond. Respectant le lieu d'attaque (à droite), le point d'attaque (endroit précis où commence la lettre qu'on est en train de tracer) peut se situer tout en haut du rond lorsque le « *o* » est suivi d'une grande boucle (ex. ) et descendre à proximité de la mi-hauteur du rond lorsqu'il est suivi d'une étrécie (ex. ). Tous les points d'attaque sont acceptables dans la mesure où d'une part ils respectent le lieu d'attaque, d'autre part ils ne dénaturent pas la lettre qui suit. Par exemple :

- lorsqu'un « *c* » est suivi d'une grande boucle (« *l* », « *b* », « *f* », « *h* », « *k* »), le point d'attaque en haut du rond fait fermer la boucle tout au début du 2e interligne. Plus le point d'attaque descend, plus la fermeture de la boucle descend et plus la boucle s'allonge ( ). On peut dire aussi que plus la boucle est longue pour un « *l* » de même hauteur, plus l'attaque du « *o* » est basse. Dans tous les cas, la boucle du « *l* » conserve néanmoins sa forme.

- lorsque « *o* » est suivi d'une petite étrécie (« *i* », « *u* », « *y* »), le point d'attaque en haut du rond fait attaquer l'étrécie tout en haut et risque de la dénaturer et, de ce fait, de lui faire perdre sa fluidité . En faisant descendre le point d'attaque du rond, on conserve sa forme à l'étrécie et on gagne alors en fluidité  ;

- lorsque « *o* » est suivi d'une grande étrécie (« *t* »), on peut être tenté de tracer un trait de liaison horizontal à la place de la fusion entre l'attaque de grande boucle qui finit le « *o* » et le début de la grande étrécie qui forme le « *t* ». Cette solution ferait perdre à l'écriture sa fluidité quelle que soit la hauteur de l'attaque du « *o* »: attaque haute  attaque intermédiaire  attaque basse 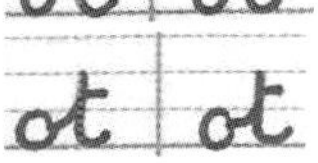.

○ Comment aider à voir sa propre façon de former les « *o* » suivis d'une grande boucle ou d'une étrécie ?

Exercice 1

Préparation. Copier au tableau le texte encadré ou faire une photocopie par élève. Expliquer l'impact respectif de l'attaque du « *o* » et de sa liaison aux lettres commencées par une grande boucle ou une étrécie.

Consigne. Recopier le texte. Une fois le texte recopié, observer comment sont formés les « *o* ». Faire un tableau pour les repérer. Faire une croix pour chaque « *o* ».

	« *o* » suivi d'une grande boucle	« *o* » suivi d'une étrécie
Attaque haute		
Attaque basse		
Attaque intermédiaire		

Si les « *o* » comportent un œilleton, se reporter au point 4, « Œilleton ou trait couvrant ? », p. 121.

Il fait soleil, Louis voulait aller faire du roller sur la route derrière l'école. Maman n'a pas voulu.
- Tu dois travailler ton solfège et ton violon !
Le violon, ce n'est pas de la rigolade. Mais inutile de se révolter : quand on rêve d'être un jour un grand soliste, il n'y a pas d'autre solution. Et puis, faire du roller sur la route c'est dangereux ! Ce sera pour demain soir. Maman, papa et Louis iront tous les trois sur la piste de rollers de l'autre côté du stade. Tout joyeux à cette idée, Louis se met à son violon.

Corrigé. *Les ronds suivis d'une lettre commençant par la même forme doivent être attaqués au même endroit. Le texte comporte quatorze liaisons o/l, dix o/u, trois o/i, une o/t et une o/y. S'il existe des différences très marquées d'un mot à l'autre, l'enfant gagnera à écrire quatre fois de suite le groupe de lettres « ol » ou « ou » (plutôt que « oi » à cause du point) puis à recopier les mots concernés.*

c) Point d'attaque du rond de la lettre « *o* » et liaison entre « *o* » et une lettre commencée par une attaque de grande boucle (« *r* », « *s* », « *p* », « *j* », « *z* »)

« *o* » se termine par une attaque de grande boucle. Certaines lettres commencent par une attaque de grande boucle : « *r* », « *s* », « *p* »,

« *j* », « *z* ». Ces lettres occupent le premier interligne ; deux d'entre elles occupent également deux interlignes sous la ligne ; aucune ne monte au-dessus du premier interligne. L'attaque de grande boucle qui termine le « *o* » ne peut donc pas se développer dans cette zone. Elle doit rester dans le premier interligne. En conséquence le « *o* » qui précède « *r* », « *s* », « *p* », « *j* », « *z* » ne peut être attaqué en haut (ex. ) ; il doit l'être de préférence le plus bas possible pour laisser exister le début de ces lettres afin de ne pas les dénaturer (ex. ).

Pour les « *o* » avec œilleton, se reporter au point 4 « Œilleton ou trait couvrant ? », p. 121.

○ Comment aider à attaquer correctement les « *o* » suivis d'une attaque de grande boucle ?

Exercice 1

Préparation. Copier au tableau le texte encadré ou faire une photocopie par élève. Expliquer l'impact respectif de l'attaque du *o* et de sa liaison aux lettres commencées par une attaque de grande boucle.

Consigne. Écrire trois fois de suite « *un os en or* » en veillant à l'attaque du « *o* » et à la formation du « *r* » et du « *s* ». Recopier le texte en veillant à l'attaque des « *o* » et à la formation des « *r* », « *s* » et « *p* » qui les suivent.

- Bonjour Docteur.
- Bonjour Monsieur Rossignol.
- J'ai mal au dos. Je suis tombé en portant quelque chose de trop lourd. Je me suis fait une grosse bosse. Et j'ai mal à un orteil aussi, et puis j'ai un orgelet.
- Vous avez une strostordose* aiguë. Je vais vous faire une ordonnance. Pour votre dos, vous prendrez du jus d'orange et de groseille avec un gros morceau de sucre. Pour votre orteil, il vous faudra de la poudre de carapace de tortue et d'aile de corbeau à mélanger avec un peu d'oseille. Faites en sorte de bien doser. Respectez bien les proportions indiquées sur l'ordonnance.
- Merci Docteur.
- À bientôt Monsieur Rossignol. (*mot inventé)

d) Point d'attaque du rond de la lettre « *o* » et liaison entre « *o* » et une lettre commencée par un pont ou un pont refermé (« *m* », « *n* », « *v* », « *w* », « *x* »)

« *o* » se termine par une attaque de grande boucle qui, selon les cas, démarre en haut du premier interligne (attaque haute) ou se dirige vers le haut du premier interligne (attaque basse ou intermédiaire). Dans leur mouvement concave vers la droite, le pont et le pont refermé passent en haut du premier interligne. La finale du « *o* » et l'attaque en pont peuvent donc fusionner en haut du premier interligne, l'attaque de grande boucle qui termine le « *o* » disparaît donc au profit du pont ou du pont refermé qui voient leur partie gauche disparaître. Le « *o* » est alors attaqué en haut : . Ils peuvent fusionner plus bas dans les mêmes conditions. Le « *o* » est alors attaqué plus bas mais sa finale en attaque de grande boucle est happée par le pont : . Lorsque le « *o* » est attaqué bas, le passage de la finale du « *o* » au pont peut laisser apparaître les deux formes : . Les trois liaisons sont possibles.

Pour les « *o* » avec œilleton, se reporter au point 4, « Œilleton ou trait couvrant ? »

○ Comment faire prendre conscience de sa propre façon de relier les « *o* » aux ponts et ponts refermés ?

Exercice

Préparation. Copier au tableau le texte encadré ou faire une photocopie par élève. Montrer et expliquer les différentes façons de relier le « *o* » à une lettre commençant par un pont (lettres « *n* », « *m* », « *v* » et « *w* ») ou un pont refermé (lettre « *x* »).

Consigne. Écrire « *on* » et « *ox* » de trois façons différentes en commençant pas sa propre façon de faire. Recopier le texte en veillant à l'homogénéité de la liaison entre « *o* » et « *n* » et entre « *o* » et « *x* ».

> Le menton dans une main, un crayon dans l'autre, Léon songe. Il aimerait pouvoir jongler avec les divisions et les multiplications. Comment faire des révisions quand on n'a pas appris ses leçons ? C'est sûr qu'il n'aura pas une bonne note. Il rêve qu'il est en plein match de boxe. Il est à terre. Le gong résonne. Il se lève d'un bond. Non, il n'abandonne pas, il boxe, il est le plus fort ! Tout le monde l'applaudit, c'est une vraie ovation... Mais non, l'ovation vient de la télévision que Marion vient d'allumer : elle a fini d'apprendre ses leçons.

e) Ovalisation des ronds

Comme son nom l'indique, la forme de référence du rond est un cercle. Cependant l'observation des écritures de scripteurs experts montre que, bien souvent, les lettres dites rondes ne le sont pas parfaitement. Tandis que, dans son application à bien écrire, le jeune enfant accentue l'arrondi de l'écriture, la fluidité du geste tend en effet à rendre cette forme plus ou moins ovoïde. Il est donc normal que les lettres rondes ne soient plus parfaitement rondes dès que la vitesse s'accélère.

Ce n'est pas pour autant qu'il faut modifier volontairement l'arrondi du modèle. En effet, alors que globalement les formes se ressemblent, chacun a sa propre façon de prendre distance avec le modèle et il n'y a aucune raison pour qu'on impose à l'enfant un modèle qu'il aura du mal à reproduire et qui aura pour seul argument d'être le choix personnel de son auteur.

La déformation du rond en une forme de type ovoïde sous l'effet de la vitesse peut concourir à lier le rond avec la lettre qui précède. Cette déformation spontanée peut être acceptée – mais pas enseignée –, de même que la liaison des lettres rondes à celle qui précède et à celle qui suit, qui va de pair avec cette déformation.

L'enchaînement du « *o* » et du « *a* » à la lettre qui précède peut en effet être réalisé de trois façons : par simple collage du rond à la finale de la lettre précédente, par un tracé continu rendu possible par l'ovalisation du rond, par un crochet qui repasse sur le dessus du rond. Seuls les deux premiers sont acceptables, le crochet est une complication sous forme de torsion là où on attendrait une simplification. Il y aura donc lieu de veiller à ce que cette liaison antérieure (si elle existe) ou postérieure (dans tous les cas) au rond ne se réalise pas sous forme de crochet 

mais bien sous forme d'ovalisation 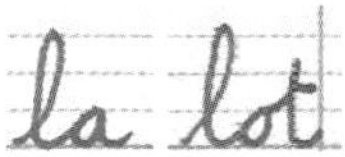

.

○ **Comment faire prendre conscience de sa propre façon de se démarquer du modèle et, au besoin, de rectifier sa façon d'aménager la liaison du rond aux formes qui suivent et qui précèdent ?**

Exercice

Préparation. Copier au tableau le texte encadré ou en faire une photocopie par élève. Montrer les trois façons de réaliser l'enchaînement du « *o* » et du « *a* » à la lettre qui précède. La déformation des lettres rondes n'ayant pas à être enseignée, l'exercice consistera en une simple prise de conscience de sa propre façon de faire. L'exercice peut susciter une ovalisation des ronds sans que cette déformation soit volontairement recherchée et, conséquemment, une amélioration de la fluidité de l'écriture.

Consigne. Recopier le texte en essayant d'écrire relativement vite. Voir si certains « *o* » ou « *a* » ont été ovalisés. Observer dans chaque cas quelle est la lettre qui précède l'ovalisation et celle qui la suit.

> Après avoir avalé un bol de lait et attrapé un croissant à la volée, Léopold court au terrain de volley-ball où l'attendent ses amis. Là il retrouve Violette et Romuald qui arrivent toujours en avance. Solitaire dans son coin, un ballon sous le bras, un nouveau venu sifflote pour tromper son appréhension. Les trois amis vont à sa rencontre. Quelques mots ont suffi pour que le nouveau soit adopté et enrôlé dans l'équipe. Ils s'échauffent en attendant les autres. C'est sûr qu'ils gagneront le match aujourd'hui.

2. La liaison après « *b* »

La finale de la plupart des lettres repose sur la ligne de base. Quatre lettres font exception : « *o* », « *b* », « *v* » et « *w* ». Le chapitre précédent a présenté la liaison après les lettres rondes, et tout particulièrement la liaison après la lettre « *o* ». Il a montré que cette liaison peut varier selon la lettre qui suit et que, tout en respectant le modèle, il peut y avoir des variations d'un scripteur à l'autre. Le cas de la lettre « *b* » est analogue puisqu'elle se termine au même endroit. Il n'est cependant pas identique puisqu'elle commence par une grande boucle. Il soulève toutefois la même question :

✓ *La liaison de la lettre « b » à la lettre qui suit doit-elle obligatoirement être la même pour tout le monde ou bien des variations sont-elles acceptables ?*

N.B. Certains groupes de lettres n'existent pas dans la langue française. Étant susceptibles d'exister dans d'autres langues, ils seront tout de même évoqués sans être traités en détail (exemple : « *bz* »).

a) Liaison entre « *b* » et une lettre commencée par une grande boucle (« *l* », « *b* », « *f* », « *h* », « *k* »)

La lettre « *b* » se termine par une demie petite étrécie suivie d'une attaque de grande boucle. L'étrécie n'est donc pas complète, elle s'arrête en haut du premier interligne, juste avant de redescendre. L'attaque de grande boucle qui suit dirige naturellement le tracé vers le haut. La liaison entre « *b* » et « *l* » entre deux « *b* », entre « *b* » et « *f* » et entre « *b* » et « *h* » *ou* « *k* » n'appelle donc pas d'aménagement particulier.

b) Liaison entre *b* et une lettre commencée par une attaque de grande boucle (« *r* », « *s* », « *p* », « *j* », « *z* »)

Les lettres commencées par une attaque de grande boucle ne montent pas au-dessus du 1er interligne. L'attaque de grande boucle qui termine le « *b* » doit donc s'incurver pour permettre la réalisation d'au moins une partie de l'attaque de la lettre 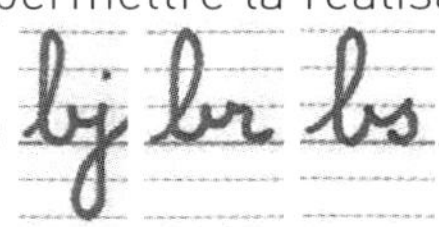. En revanche, la lettre ne devra pas être agrandie au-dessus de l'interligne comme on le fait parfois faute d'en avoir compris la structure. Selon les scripteurs, cette incurvation sera plus ou moins profonde. Il n'y a pas lieu d'imposer un degré de profondeur sauf à préciser que la liaison doit rester vers le milieu de l'interligne.

Si les « *b* » comportent un œilleton, se reporter au point 4, « Œilleton ou trait couvrant ? »

○ Comment aider à ne pas agrandir des lettres qui suivent les « *b* » pour tenter de les lier ?

Exercice 1

Préparation. Copier au tableau le texte encadré ou faire une photocopie par élève. Montrer la formation des lettres « *r* », « *s* », « *p* », « *j* » *et* « *z* ». Montrer ensuite la formation de la lettre « *b* ».

Consigne. Écrire trois fois de suite chacune des lettres « *r* », « *s* », « *p* », « *j* », « *z* » en réfléchissant à leur structure. Recopier ensuite le premier texte en veillant à leur formation et à celle du « *b* ». Recopier ensuite le deuxième texte en veillant à ne pas agrandir les lettres qui suivent les « *b* ».

Texte 1
Zoé – Paul, sais-tu ce qu'est un zinjanthrope ?
Paul – Non
Zoé – C'est un australopithèque.
Paul – Qu'est-ce que c'est un australopithèque ?
Zoé – C'est un hominidé fossile d'Afrique de l'Est et du Sud.
Paul – Qu'est-ce que c'est un hominidé fossile d'Afrique de l'Est ?
Zoé – Un hominidé, c'est un primate qui marche debout.
Paul - Qu'est-ce que c'est un primate ?
Zoé – Maman ! Paul m'embête !

Texte 2
Assise dans le parc à l'ombre d'un grand arbre, Julie observe un objet à moitié caché derrière un tas de brindilles. Elle veut absolument savoir ce que c'est. C'est un objet brun, sombre, qui se voit mal dans la pénombre. On dirait qu'il vibre un peu. Objectivement, on dirait un nounours oublié là. Elle tend le bras. Elle a juste le temps de comprendre que « l'objet » l'observait aussi, et *frrrt* il détale brusquement et grimpe tout en haut de l'arbre.

c) Liaison entre « *b* » et une lettre formée d'une grande étrécie (« *t* »)

Aucune autre lettre que « *t* » débute par une grande étrécie. Sa position dans le lignage permet au « *b* » de se terminer sans aménagement pour que sa finale fusionne avec le début du « *t* » . En revanche, il est préférable que l'attaque du « *t* » commence en haut du premier interligne  pour éviter de faire redescendre et incurver la finale du « *b* » . Cette incurvation serait possible mais moins économique que la position haute du point d'attaque  et ferait perdre à la liaison sa fluidité bien que le lieu d'attaque soit respecté.

Par ailleurs, le remplacement de la finale du « *b* » par un trait horizontal obligerait à dénaturer la forme du « *t* » en le faisant commencer par un angle . Cet enchaînement n'est pas souhaitable.

Si les « *b* » comportent un œilleton, se reporter au point 4, « Œilleton ou trait couvrant ? »

○ Comment redonner de la fluidité à la liaison « *b/t* » ?

Exercice

Préparation. Copier au tableau le texte encadré ou en faire une photocopie par élève. Montrer que le « *t* » est formé d'une grande étrécie barrée. Écrire au tableau « *et* » et « *bt* ». Montrer que l'ajustement de la hauteur de l'attaque du « *t* » se fait spontanément.

Consigne. Écrire trois fois de suite « *etebebt* ». Copier le texte en veillant à la fluidité des liaisons « *bt* ».

Si tu veux obtenir un mélange subtil, obture le flacon, secoue-le jusqu'à obtention d'une couleur homogène et tu obtiendras le meilleur des nectars.

d) Liaison entre « *b* » et une lettre formée d'une petite étrécie ou d'une petite boucle ou attaquée par une petite étrécie (« *e* », « *i* », « *u* », « *y* »)

Le lieu d'attaque de la petite boucle et de la petite étrécie se situe en bas à gauche. Compte tenu de leur hauteur, il se situe obligatoirement soit sur la ligne, soit dans le premier interligne. La forme du « *b* » ne permet pas qu'il se place sur la ligne lorsque ces formes suivent la lettre « *b* ». La liaison entre « *b* » et « *e* », « *i* », « *u* » ou « *y* » se fait donc dans l'interligne et nécessite que la finale du « *b* » s'incurve pour se fondre à l'attaque de ces lettres 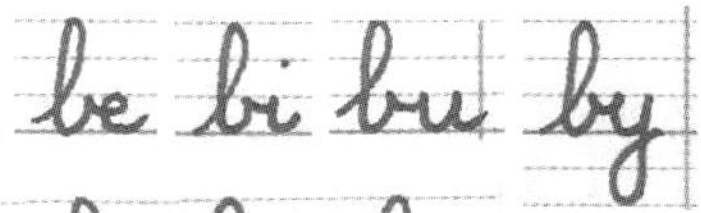

. Si la finale du « *b* » s'incurve trop 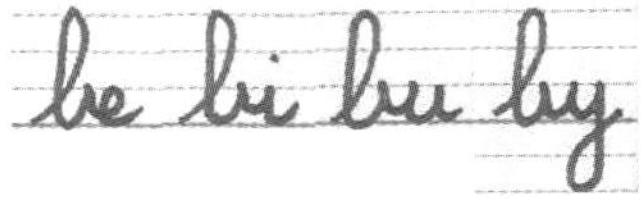

, le tracé est malaisé et la lisibilité peut être compromise. Ce peut être le cas aussi si la finale du « *b* » est remplacée par un trait horizontal 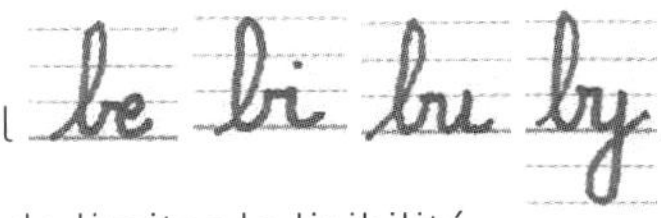

.

Le trait horizontal a également pour effet de limiter la lisibilité.

Si les « *b* » comportent un œilleton, se reporter au point 4, « Œilleton ou trait couvrant ? »

○ **Comment aider l'enfant à adopter une bonne hauteur pour la liaison entre « *b* » et « *e* », « *i* », « *u* » ou « *y* » ?**

Exercice

Préparation. Copier au tableau le texte encadré ou en faire une photocopie par élève. Montrer ou rappeler la formation de la petite boucle et de l'étrécie. Montrer l'enchaînement du « *b* » aux lettres « *e* », « *i* », « *u* », « *y* ».

Consigne. Écrire « *be* » et « *bu* » en faisant varier la hauteur de la liaison. Réécrire ces syllabes en adoptant la hauteur de liaison qui semble la plus naturelle et la plus efficace sans être ni trop haute ni trop basse. Copier le texte en veillant à la hauteur des liaisons après la lettre « *b* ».

Un buvard, un vieux bulletin, des tickets d'autobus, un album de photos, un livre à rendre au bibliobus, un petit distributeur de bonbons, un sac de billes, un tube, une photo d'un match de rugby, une robe de poupée, quelques bibelots, que d'objets sur ce bureau ! Un vrai bric-à-brac !

e) Liaison entre « *b* » et une lettre attaquée par un pont ou un pont refermé (« *m* », « *n* », « *v* », « *w* », « *x* »)

En français, les lettres commençant par un pont ou un pont refermé suivent rarement la lettre « *b* ». La lettre « *x* » ne la suit jamais. Cet enchaînement est susceptible d'exister dans d'autres langues.

Le pont et le pont refermé vont vers la droite en haut du premier interligne. Comme pour les autres lettres, un enchaînement marquant leur attaque grâce à une incurvation de la finale du « *b* » favorise la lecture . A contrario, un enchaînement à l'horizontale rendrait à la fois la lecture et la fluidité du geste plus difficiles  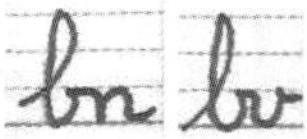.

○ **Comment aider l'enfant à relier efficacement « *b* » et « *m* », « *n* », « *x* », « *v* » ou « *w* » ?**

Exercice

Préparation. Copier le texte au tableau ou en faire une photocopie par élève. Montrer ou rappeler le lieu d'attaque des lettres commencées par un pont ou un pont refermé. Montrer leur enchaînement au « *b* » en faisant ressortir la nécessité de ne pas escamoter la liaison.

Consigne. Chercher les mots difficiles dans le dictionnaire. Écrire « *bn* », « *bm* », « *bv* », « *bw* » normalement puis en remplaçant la finale du « *b* » par un petit trait horizontal puis de nouveau normalement. Copier le texte en veillant à la qualité de la liaison après « *b* ».

Maëlle est obnubilée par une envie de vacances mais elle est submergée de travail. Aura-t-elle assez d'abnégation pour résister à l'idée d'un voyage au Zimbabwe ?

3. La liaison après « *v* » ou « *w* »

✓ *La liaison des lettres « v » et « w » à la lettre qui suit est-elle la même que celle de la lettre « b » ?*

Les lettres « *b* » *et* « *v* » diffèrent uniquement par leur première composante : une grande boucle pour « *b* », un pont étroit pour « *v* ». La suite et la finale sont les mêmes. En conséquence, tout ce qui a été dit pour la liaison du « *b* » à la lettre qui suit est valable pour celle du « *v* ». « *w* » étant un « *v* » double, comme son nom l'indique, ces remarques sont valables aussi pour cette lettre.

○ **Comment, à partir de la liaison après « *b* », aider l'enfant à relier correctement le « *v* » à la lettre qui suit ?**

Exercice

Préparation. Copier au tableau le texte encadré ou en faire une photocopie par élève. Montrer ou rappeler la formation des lettres « *b* » et « *v* ». Rappeler collectivement la liaison entre la lettre « *b* » et les catégories de lettres qui suivent.

Consigne. Écrire une suite de « *b* » et de « *v* » pour percevoir la similitude entre ces deux lettres. Copier le texte en veillant à la qualité des liaisons après les lettres *« b » et « v »*.

> Fabrice se prépare à partir à l'école, il met dans son cartable le livre qu'il a reçu pour son anniversaire. C'est l'histoire d'un homme qui se rend invisible en enfilant un blouson bleu. Il l'a commencée hier dans sa chambre, blotti au creux de l'oreiller mais il s'est endormi et il en a rêvé toute la nuit : poursuivi par d'innombrables ennemis l'homme invisible s'était blessé, il souffrait d'une douleur insupportable et Fabrice faisait son possible pour le soigner. Depuis qu'il est réveillé, Fabrice n'a qu'une envie : savoir ce qu'il est vraiment arrivé à l'homme invisible. Vivement la récréation !

4. Œilleton ou trait couvrant

✓ *Un modèle est un modèle ! Il doit être intégralement respecté. Est-ce si sûr ?*

Comment ne pas voir qu'il existe des différences entre les modèles, qu'ils soient faits par les enseignants ou proposés dans les livres et les cahiers. Parmi ces différences, la présence ou l'absence d'une sorte de petite boucle sur certaines lettres est une différence récurrente. Il s'agit des lettres, « *b* », « *v* », « *w* », « *o* », « *r* », « *s* », « *z* » et « *f* ». Sauf pour « *f* », ces « petites boucles » se situent en haut du 1er interligne. Elles sont toujours placées soit avant une attaque de grande boucle (*lettres « b », « v », « w », ou « f »*), soit après (*lettres « r », « s », « z »*). Elles se situent donc à la charnière entre deux formes qui se suivent. Comme ces « petites boucles » peuvent exister ou non sans pour autant réduire la lisibilité de la lettre, c'est qu'elles ne font pas partie des composantes qui servent à définir la forme intrinsèque de la lettre. De quoi s'agit-il exactement ?

Leur position et leur caractère facultatif montrent qu'il s'agit d'une façon de négocier le passage entre une forme et une autre à l'intérieur d'une lettre. Cette négociation se fait soit au moyen de cette « petite boucle » appelée œilleton, soit par une sorte de petite tige qui est un trait couvrant – et qui n'existe pas sur la lettre « *o* » –, soit sans ajout à l'angle nécessaire pour ce passage d'une forme à l'autre. Lorsqu'il s'agit de faire un modèle pour l'apprentissage de l'écriture un choix s'impose. Ma préférence va à l'angle simple, l'œilleton ayant tendance à renvoyer le tracé vers le bas, ce qui peut créer des anomalies. Une fois la période d'apprentissage passée, le trait couvrant, l'œilleton ou l'angle simple peuvent être acceptés à la condition, pour les deux premiers, qu'ils ne soient pas trop développés.

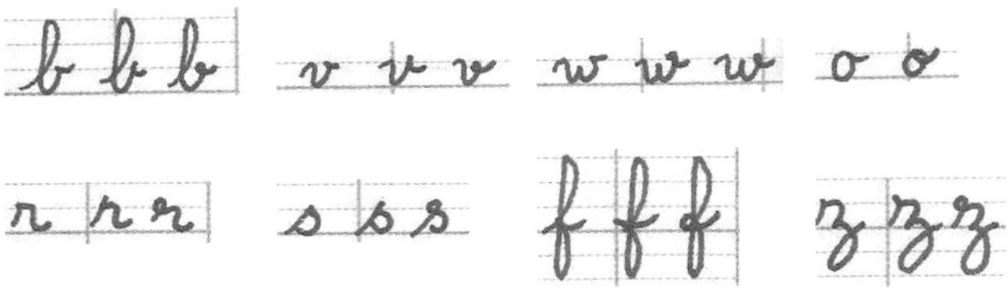

○ Comment faire prendre conscience du caractère excessif de certains œilletons ou de certains traits couvrants ?

Exercice

Préparation. Copier au tableau le texte encadré ou en faire une photocopie par élève. Montrer au tableau, lettre après lettre, les trois possibilités de négocier le passage entre l'attaque de grande boucle et la forme suivante ou entre une forme et l'attaque de grande boucle qui la suit.
Consigne. Écrire chaque lettre avec les différentes possibilités de négociation du passage entre les formes telles qu'elles ont été montrées par l'enseignant. Examiner sa propre tendance spontanée en écrivant rapidement chaque lettre suivie d'un « *u* ». Copier le texte en formant les lettres de façon homogène et en tâchant de réduire les traits couvrants ou les œilletons s'ils sont trop prononcés.

> Maéva prépare vite son cartable. Elle aurait bien voulu faire la grasse matinée, mais voilà, il faut aller à l'école. Impossible de rester à rêvasser. « Allons, soyons zen », se dit-elle. « Ils ont installé le wifi hier à l'école. Ce sera bien de pouvoir faire des recherches sur Internet ! Pressez-vous, Mademoiselle, sinon vous allez rater votre bus. »

5. La dimension des grandes étrécies

✓ *Doit-on imposer une hauteur pour l'écriture des lettres « t » et « d » ?*

Selon les modèles les lettres « *t* » et « *d* » montent à deux interlignes ou deux interlignes et demi. Rien n'oblige à choisir l'un plutôt que l'autre. Pour une question de cohérence et de simplification de l'enseignement et de l'apprentissage, il convient que les deux lettres soient de la même hauteur. Il semble préférable aussi que tous les enfants d'une même classe fassent ces lettres de la même hauteur mais rien ne justifie cette exigence pour un enfant qui viendrait d'une autre classe.

6. Les majuscules

Leur place en début de mots donne aux majuscules un statut graphique particulier : elles ne sont jamais précédées d'une autre lettre, généralement elles sont suivies d'une autre lettre. Pourtant, l'enroulement qui les caractérise fait obstacle à leur liaison directe à la lettre qui suit.

✓ *Doit-on garder les enroulements qui ornent les majuscules ou peut-on les simplifier et éventuellement les lier à la lettre suivante ?*

a) Enroulement des majuscules

Les majuscules calligraphiques sont généralement relativement ornées. Toutefois, ce n'est pas une obligation. En général l'enfant suit le modèle qui lui a été donné lors de l'apprentissage. De l'adolescence à l'âge adulte on se débarrasse progressivement des volutes et complications qui font la spécificité des majuscules cursives. A la condition qu'il n'y ait pas d'excès, je suggère donc de laisser à l'enfant le choix d'orner légèrement ou de simplifier ses majuscules. Voici ci-dessous une idée de ce que peuvent être les majuscules simplifiées et les majuscules ornées.

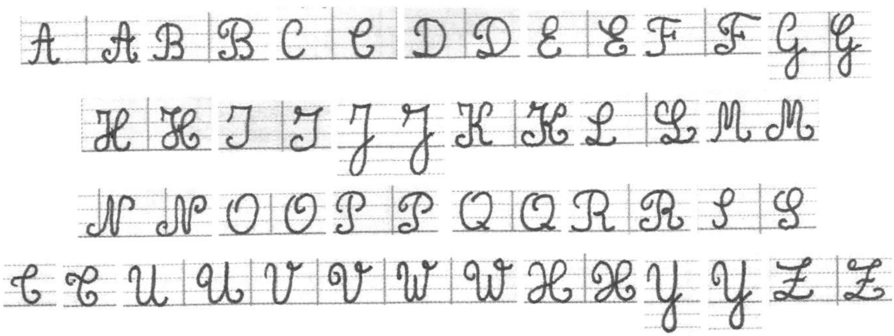

b) Liaison des majuscules

Quelques majuscules (*B, D, F, J, P, S*) se terminent à gauche. D'autres (*O, Q, V, W*) se terminent en haut. Ces lettres-là ne peuvent pas s'enchaîner sur la lettre qui suit. Les autres, c'est-à-dire plus de la moitié, se terminent sur la droite dans le premier interligne (*A, C, E, G, H, J, K, L, M, N, R, T, U, X, Y* et *Z*). Si elles sont très ornées, c'est-à-dire si les enroulements des finales sont prononcés, ces dernières ne peuvent pas s'enchaîner non plus à la lettre qui suit. En revanche, lorsque ces majuscules sont simples, elles peuvent se lier à la lettre qui suit. Exemples :

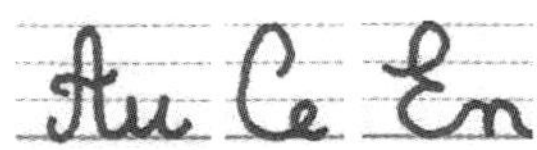

Le choix de la liaison ou de l'absence de liaison est personnel. Toutefois, la liaison facilite la fluidité et la vitesse. Tout comme on apprend à les écrire par un entraînement régulier, on apprend à les lier par un entrainement, de préférence en les mettant en situation.

○ Comment aider l'enfant à lier les majuscules à la lettre suivante ?

Plutôt que de simples listings, on peut faire décrire un itinéraire.

Exercice 1

Préparation. Photocopier un plan de la ville où se voient l'école et un lieu habituellement fréquenté par les élèves (piscine, bibliothèque, stade...). Montrer les différentes possibilités d'écrire chaque majuscule et de les relier ou non à la lettre qui suit. Travail collectif : relever de mémoire le nom des rues qui jalonnent l'itinéraire de l'école à la piscine, au stade ou à la bibliothèque. Distribuer une photocopie à chaque élève.

Consignes.

a) Essayer des formes différentes de majuscules et de liaison en écrivant chaque majuscule suivie de la lettre « *u* ». Réécrire la forme qu'on souhaite adopter. Faire valider par l'enseignant.
b) En s'aidant du plan, relever l'itinéraire décrit. Veiller à la formation des majuscules et à leur liaison.

Exercice 2

Préparation. Copier le texte au tableau ou faire une photocopie par élève. Montrer les différentes possibilités d'écrire chaque majuscule et de les relier ou non à la lettre qui suit.

Consignes. a) Essayer des formes différentes de majuscules et de liaison en écrivant chaque majuscule suivie de la lettre « *u* ». Réécrire la forme qu'on souhaite adopter. Faire valider par l'enseignant.

b) Copier le texte en veillant à la formation des majuscules et à leur liaison.

> Si tu veux aller à pied au théâtre Gérard Philippe, Clémentine, prends à gauche rue de l'Abbaye de Saint Hilaire. Va jusqu'au boulevard Edgard Quinet. Là, tourne rue du Temple, tout de suite après le magasin Au Bouquet de Marguerite. Il a toujours une vitrine superbe. Descends ensuite la rue de l'Yonne jusqu'à la rue Xérès que tu prendras à droite. Une fois arrivée rue Neuve, tu trouveras la rue Félix Kir à l'angle du Roi des Ortolans. Le cinéma est en face. Je pense que tu verras Zina et Wilfrid à l'entrée, s'ils n'ont pas désespéré de t'attendre !

7. Les barres de « *t* » et tirets

✓ *Peut-on accepter que les barres de « t », les tirets et les pointillés soient tracés de droite à gauche ?*

Les barres de « *t* », les traits d'union, les tirets, les pointillés constituent ce qu'on appelle des *signes libres*. C'est-à-dire qu'ils ne sont pas liés à leur environnement graphique. Par convention, ils se tracent de gauche à droite puisque notre écriture cursive se déroule de la gauche vers la droite. Toutefois les gauchers ayant un sens préférentiel de déroulement de l'écriture de la droite vers la gauche, il n'y a aucune raison pour qu'on les oblige à tracer ces signes de gauche à droite.

8. Les chiffres

Les chiffres ne sont pas liés entre eux. Cela devrait laisser de la liberté dans leur écriture.

✓ *L'écriture des chiffres est-elle soumise à des règles ?*

a) Sens de rotation

Leur forme impose que les chiffres 2 et 3 soient tracés dans le sens de la 2e unité. De même, la partie arrondie du chiffre 5. Donc 2, 3, et 5 se courbent en 2e unité, c'est-à-dire en passant par en haut pour aller vers la droite. Ils suivent le même déroulement que le pont.

Bien qu'il soit légèrement concave comme une attaque de grande boucle, le début du chiffre 1 va aussi vers la droite en direction du haut de l'interligne. On peut donc s'appuyer visuellement sur le tracé du début du chiffre 1 et techniquement sur celui du pont pour rappeler que 2, 3 et 5 « partent vers la droite ».

0, 6 et 9 s'attaquent en haut à droite, comme les lettres rondes. Leur forme impose que le chiffre 6 et la partie haute du 9 soient tracés dans le sens de la 1ère unité. Le chiffre 6 n'utilise qu'une forme. Le chiffre 9 en utilise 2, comme la lettre « *g* ». Le chiffre 0, lui aussi, s'écrit généralement en 1re unité par assimilation à la forme de la lettre « *o* ». La similitude entre 0 et « *o* » et entre 9 et « *g* » aide à la formation de ces chiffres.

Le chiffre 8 peut aussi s'écrire en 1re unité pour la même raison en ce qui concerne sa partie haute. Toutefois, rien n'impose qu'il en soit ainsi, rien n'empêche non plus qu'il en soit autrement, ce chiffre utilisant successivement les deux unités. Par commodité, l'enseignant peut décider qu'il le commencera comme 2 et 3. Seuls resteront alors dans l'autre sens les chiffres 0, 6 et 9.

b) Tracé des horizontales

Les chiffres 7 et 4 sont constitués de traits rectilignes. Pour le respect du sens de déroulement de l'écriture, leurs horizontales se tracent toutes de gauche à droite. Respecter cette règle évite que ces chiffres soient tracés à l'envers. Toutefois, il est difficile d'imposer ce sens aux gauchers pour la barre à mi-hauteur du 7. Cette barre est tracée de droite à gauche par les gauchers et de gauche à droite par les droitiers. Les autres horizontales de ces chiffres le sont toujours de gauche à droite.

Le chiffre le plus complexe est le 5. Sa partie courbe en 2e unité fait suite sans discontinu à une verticale. L'horizontale qui surplombe le tout peut être indifféremment tracée de gauche à droite (puisque c'est le sens conventionnel de déroulement de notre écriture) ou de droite à gauche (puisqu'alors le chiffre sera écrit d'un seul tracé). Écrire le chiffre d'un seul tracé risque de créer des confusions avec la lettre S s'il est fait à la hâte et fait tracer l'horizontale de droite à gauche, donc en sens inverse de l'écriture habituelle des traits. On gagne donc à l'écrire en deux parties.

○ Comment aider les enfants à ne pas inverser le sens des chiffres ?

Exercice

Préparation. Montrer la formation des chiffres en les classant en 2 colonnes. Dans la 1re colonne : 1, 2, 3, 4, 5, 7 et 8. Le geste part vers la droite. Dans la 2e colonne : 0, 6 et 9. Le geste commence en haut à droite et part vers la gauche en 1re unité.

Consignes. a) Tracer successivement la lettre « *l* », le chiffre 1, un pont, les chiffres 2, 3 et 8.
Recommencer trois fois de suite. Terminer par les chiffres 5, 4 et 7.

b) Écrire successivement *L'ogre* puis les chiffres 0, 9 et 6. Recommencer trois fois de suite.

c) Écrire en chiffres sous dictée les nombres 123, 128, 235, 325, 523, 528, 147, 174, 154, 741, 60, 90, 600, 609, 690, 960, 906, 900, 96, 69.

Index

Conception couverture : Julie Lannes
Conception maquette intérieure : Nicolas Piroux
Suivi éditorial : Charlotte Davreu
Mise en page : Jouve